南宋書房
NANSONGBOOKS

栖羽香房

傳承香火　品味杭州

承香遺韻　南宋書香

南宋書房
NANSONGBOOKS

何为生活，何以为美？

# 前言

何为生活，何以为美？

有人说，没有一个朝代比宋朝更懂得欣赏美，更懂得热爱生活。

也许是因为军事力量的薄弱，让宋人骨子里有一种谦卑和诚恳。他们将宋词写得唯美，让人心醉，这一惊艳便是千年。“一川烟草，满城风絮，梅子黄时雨”，是闲愁成殇；“莫道不销魂，帘卷西风，人比黄花瘦”，是相思深厚；“醉里挑灯看剑，梦回吹角连营”，是冲天豪气。这些何尝不是人们灵魂深处最为朴素的情感？而作为宋代文化的另一座高峰　宋画，也被他们描绘到了极致。他们将“淡妆浓抹总相宜”的青绿山水带入巅峰，将鲜活生动的社会场景纤毫毕现地记录下来，将誉为古代“摄影术”的界画发展到了鼎盛。他们重视写实，用含蓄巧构思，以“高洁为工”、精深完备的绘画风格，将诗情画意融为一体，凝结为工细绚丽的院体画。他们用水墨晕染，不再拘泥于外在的形似，而是追求内在的诗意和思致，将绘画的气韵与意境结合，极大地深化了文人画的内涵。

宋代是中国绘画发展史上的全盛时期，广泛的创作题材、丰富的表现手法、高妙的艺术境界，使其成为中国绘画的高峰和经典范本。

本书从今人的视角出发，带领读者在宋画里寻觅宋代的历史，品味宋人的日常生活和文人墨客的风雅闲趣；明晰当时的社会百态、繁荣的商业发展和复杂的政治生活。

蒋勋说：“宋朝最可爱的部分，就是它不像唐朝。在唐朝一切东西都要大，而在宋朝可以小。小不见得是一个没有价值的东西。雄壮是一种美，微小也是一种美。”宋画之美，美在深沉的韵致，美在简洁、含蓄、谦卑、轻柔的艺术态度，美在自然与艺术的完美平衡。

你可以在《渔村小雪图》中看到雪后初霁的乡村、烟波浩渺的河水、文人雅士泊舟浅酌的清幽画面；在《绣栊晓镜图》里欣赏沐浴着晨光装扮的宋代女子，去捕捉宋人在理学约束下的着装小心机；在《层叠冰绡图》里感受到“杨妹子”的反差萌和史上最成功“画二代”马麟的倔强；在《枫鹰雉鸡图》和《鸡雏待饲图》中见识到宋朝版的“老鹰捉小鸡”，

认识两只叽叽喳喳的小萌鸡；从《金明池争标图》里穿越回宋朝去看赛龙舟。本书中，每一幅画的打开方式也是妙趣横生——由一个动听的故事开始，由一段乐趣无限的直播插入，从一场一触即发的猫狗大战引发，在一封书信的问候语处开启……

这些风雅宋画更呈现了一个远比文字记载更为直观生动的大宋历史。从李迪的《秋葵山石图》《猎犬图》，了解宋人的养宠风气和当时的宠物文化；从被讥讽为“村梅”的《四梅花图卷》，知晓清逸素雅的墨梅，在当时并未得到宫廷主流的青睐；从《荔院闲眠图》看优秀家仆的逆袭故事，洞悉在商品经济发达的宋朝，荔枝买卖的先进商业模式；从《柳塘牧马图》去看间谍画家如何打探敌情……

在欣赏宋画，感受一场精彩绝伦的视觉盛宴的同时，我们亦可从画中窥探两宋秘史的蛛丝马迹。《清明上河图》，这幅提到中国书画就无法被忽略的“鸿篇巨制”，生动地记录了汴梁的繁荣市井生活。在对其仔细观察研究以后，我们发现，在画作所表现的繁荣市景之下，隐藏着深深的忧患。

码头上私船横行，商人掌控住了城市的粮货市场；观测火情的望火楼，没有一位“潜火兵”驻守；城防工事如同虚设一般，汴梁像一座“不设防”的城市……作者以画曲谏，反映了宋徽宗朝初期已日渐衰败的军事实力和日趋淡漠的防范意识。就在张择端完成这幅旷世巨作之后不久，爆发了“靖康之变”，金国大军长驱直入，踏碎了一派繁华祥和的汴梁城。

宋画之美，仿佛是一个人躬下身来，看见世界，看见生活，看见风景，看见自然与社会本来的最初面貌。宋画之妙，犹如一个充溢着烟火气息的时代密码，它藏着大宋历史中的风华与绝色。我们不妨也时常像宋人一样慢下来，在宋画里欣赏世间大美，培养审美意趣，感受历史绽放的光华。

# 目录

## 陈居中 “间谍”画家

## 李迪　国宝制造者

## 郑思肖　宁可枝头抱香死，何曾吹落北风中

神

# 张择端
# 神品的创造者

## 《清明上河图》 盛世下的隐患

天色蒙蒙，将明未明。汴河上的皎洁月色还未消失殆尽，水镜上的星光尚未被揉碎。微光中，汴京城开启了繁忙的一天。不可胜数的船只停留在汴河沿岸；炊烟袅袅，做朝食的商贩准备好了各色

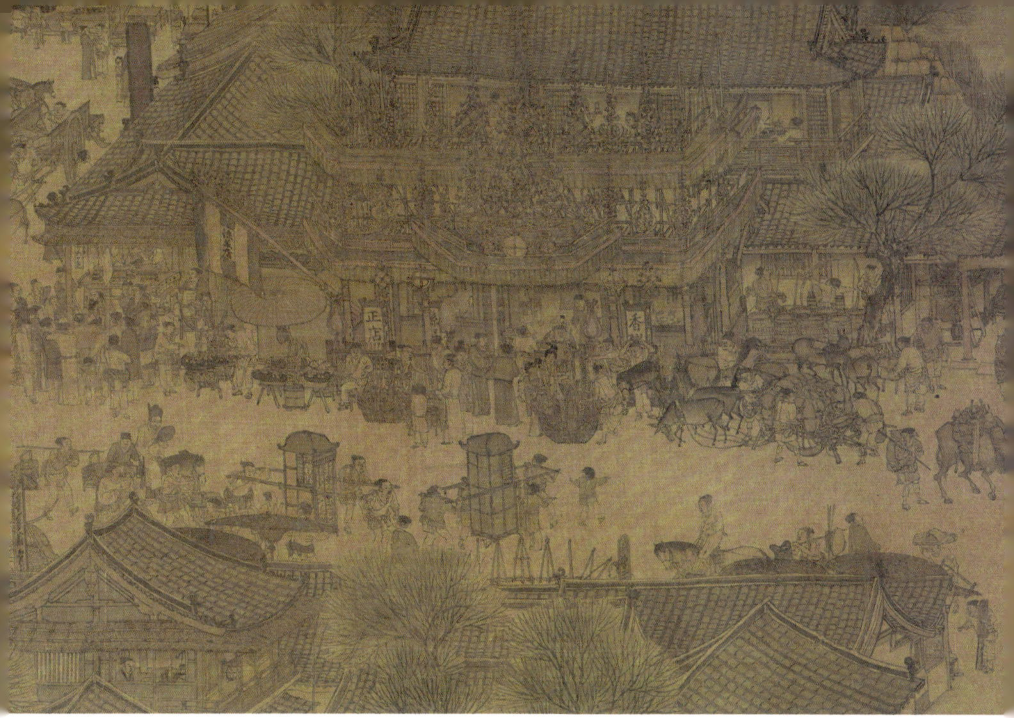

张择端《清明上河图》局部

美味的食物已开门营业；大户人家的仆人在洒扫庭院；货郎们挑着货担在市井穿梭；潘楼街市场上卖衣物、图画、花环、领抹的摊贩摆上了琳琅的货物。不出一炷香的工夫，红日初升，茶坊、酒肆、肉铺、医馆纷纷开门待客，原本冷清的大街上行人如织，有招揽生意的小贩、有游玩赏景的文人墨客、有骑马乘轿的官吏豪绅、有闲听说书的黄毛小儿，还有街边讨饭的乞丐。三教九流，人来车往，揭开了汴京城一天的帷幕。

而向来庄严肃穆的大宋皇宫内，今日却异常热闹。碧瓦朱檐的升平楼内未设宴席，未摆歌舞，却办起了画展，只展览一幅画——

《清明上河图》。随着画卷的铺展，一时之间众人似乎置身于真实的汴京街市之中。大臣们围着这幅长卷赏了又赏，乍一看只觉震撼，细品之下又觉得画中每一幕都万分熟悉，待与他人交流了心得，热议了片刻后，觉得意犹未尽，再伸长脖颈瞪大眼睛一寸一寸看过去，只觉得浑身直冒冷汗。有胆量的臣子偷偷抬眼，只见御座上的官家依然沉浸在这昌盛锦绣的画幅中，脸上是欣喜、骄傲、陶醉，却唯独没有清醒。臣子们最初的惊艳之情逐渐平静，这沉静一如那繁华背后的汴京城。

《清明上河图》，一幅提到中国书画就无法被忽略和错过的“鸿篇巨制”，全图共有人物 800 多人、牲畜 60 多头、车轿 20 多辆、船

张择端《清明上河图》中汴京街市的热闹场面

只近30艘，可以说是一幅完整的北宋时期汴京城的“写生”作品。可是你知道吗？《清明上河图》并不只有北宋张择端这一幅。

《清明上河图》除宋本以外，它的同名作品，目前还存有明清两代共两类上百个版本的作品，除了一幅清代沈源所绘为黑白淡彩以外，其余均为工笔设色，与宋本《清明上河图》从画风到手法均保持了一致，只不过长度略有不同。

关于宋本《清明上河图》，本身就有着许许多多的解读，很多人都把它当作一部历史古籍来考究。不过，当我们把宋、明、清这三类“孪生兄弟”们摆在一起的时候，我们可以很明晰地发现更多有

趣的地方。

各时期所创作的《清明上河图》构图均分作三个部分，即远郊、郊市和城内。远郊作为背景介绍一般的存在，宋本所描绘的汴京城，城外一片荒旷，气氛肃杀。整个场景是忧郁、清冷的，符合“清明”这个基调。而明清两版的《清明上河图》，描写的均是江南苏州城。明代的以戚继光抗倭胜利为时代背景；清代的则是在乾隆帝登基刚一年时完成的，一开篇就是结婚队伍的到来，气氛热烈欢快，着重表现“春天”这个时节。

三代《清明上河图》最大的差异，从近郊郊市开始，逐渐地暴

露出来。宋本《清明上河图》，一点点地透露出了画家对于整个时代的绝望。画家在铺展汴京城商贸繁华的景象时，也将当时的社会矛盾一一列举了出来。街道上马车横冲直撞，并没有顾及行人的安危，足见当时的街道管理混乱。码头上私船横行，商人掌控着城市的粮货市场。观测火情的望火楼，没有一位“潜火兵”驻守，就连城防工事也如同虚设一般。那么这些矛盾，是否也延续到了明清两代的画作中呢？

答案是否定的。明清两代版本的《清明上河图》，都是一派祥和、普天同庆的场面，局部偶尔出现的争斗，也不过是一些鸡毛蒜皮的市井小事。相比宋版《清明上河图》来说，明清版本与其最重

要的区别，并不体现在社会矛盾上，而是在画面本身的变迁上。

以清院本《清明上河图》为例，虹桥以外地区在宋本里本来是繁忙的河市，来往商船都在此处停靠贸易。而清本中虹桥以外的地区，用一个草台班子一样的戏台子就表达了，河市被取消，说明了清政府对贸易，尤其是水路贸易的强力掌控。而宋代商业之发达历史上恐怕只有盛唐与明末可比，其对于市集更多是采取开放的姿态，不像清代那么保守。

到了虹桥，这里可以说是明清本与宋本最大的区别之一。作为

《清明上河图》虹桥部分

宋本《清明上河图》的视觉中心，整幅图的“画眼”，虹桥的存在衬托了桥上桥下很多故事的发生。在明清两代的画作中，虹桥被石拱桥所取代，直接说明了宋代木构桥梁技术的巅峰之作——叠梁拱，在此时已经失传。

再往后看，城门是另外一个画作之间变化最大的地方，准确地说，应该是城门和它周边内外这片区域的变化。宋版《清明上河图》的城门，城楼是单檐庑殿顶，五开间，外檐是斗拱七铺作双抄双下昂、补间铺作，每间各一朵，木勾栏寻杖绞角，城台则以平坐承接城楼，土木混合平顶过梁式城门道以木构架承重。而到了清代，城楼

是标准的官式做法三滴水歇山式建筑，城门也被拱形券洞式代替。在城楼的两端，清本外侧出现了“瓮城”——在原本的城门外又有一重城门，将两重门之间的区域使用城墙圈起来。这是典型的明清城门做法，北京城九门就是最好的例子。而在城门以北（上），出现了水门，这在宋本中也是没有的。

宋版图中的汴京城虽依汴河而建，但河不入城，因此并没有画水门。明清本都是以苏州城为模板，对于南方城市来说，水门的重要性必然要有所表现，在明本中，其上甚至还绘有专门把守的兵丁。不过，整幅清版画作与宋版在城市中最重要的变化，是城内很多个路口，都出现了“栅栏”。城市栅栏的出现，始于明代，当时的大臣

王琼在上奏皇帝时，提议在京城内外小巷路口置立栅拦，白日把守，夜晚关闭，以便管理和防范贼寇。到了清代康熙朝更发布了严令：京城各巷口设立栅栏。打更后，无论官员军民，都不许随意行走，犯者照例受到惩治。而乾隆帝做法更甚：谁要是胆敢破坏修建在大小街巷的栅栏，就要去刑部大牢走一圈了。可以说，“栅栏”和户籍、巡防、宵禁政策的交互配合，一定程度上增强了城市治安。

从宋版《清明上河图》中我们可以看到，城门是没有兵丁把守的，也不存在“栅栏”这种“被动防御设施”。至于户籍，通过图中细部的对比我们可以发现，明清两版的城门内侧，第一间房便是巡守兵丁的班房，两侧的兵器架上，一边立着“口口奸细”，另一边立

着“固守城池”。而宋版呢，城门内第一间房是税务，可以看到南来北往的客商们都到此处来排队，等着“报名”和“签字画押”，交完税后到后面的院子里过秤。

至于宵禁，唐代是有的，至唐末就松弛了。到了宋代，太祖直接诏令开封府，夜市可以合法开到三更半夜。于是，整条马行街灯火通明，三更才尽，五更又开张了。《东京梦华录》一书中以大量篇幅来描绘北宋汴京城的商业繁华，尤其是夜市的喧闹。可见宵禁在宋代根本不可能实施，逛夜市对于宋代老百姓来说，简直就是必不可少的生活方式。因此，宋版中的汴京城是一座“不设防”的城市。也正因为如此，才可能与周边各国的“朋友”进行频繁的商贸往

米。而最终导致“靖康之变”，金国大军长驱直入，攻下了他们垂涎已久的繁华的汴梁城。

然而，属于大宋的魅力却并没有随着朝代的覆灭而湮没在历史长河里。2010 年的夏天，第 41 届世界博览会在上海开幕，在为期 184 天的展览中，世界各国都在争奇斗艳，努力把自己最好的一面通过这次盛会展现给世界。而作为东道主的中国，用一幅“会动”的《清明上河图》展现了中国的古老文化，收获了全世界人民好奇与惊讶的目光。

## 《金明池争标图》 带你穿越回宋朝赛龙舟

### 五代后周世宗显德四年（957）

是日也，天色未明，星光犹存，灿烂烛影中车尘纷扬。朝堂中，后周皇帝柴荣从御座上起身，踱了二三步，略加思索，对众臣说道："众爱卿，朕有一事琢磨了许久，今儿个想听听你们的高见。"

众臣听后连忙俯身行礼："皇上英明，臣等唯命是从。"

柴荣对臣子们的恭谨姿态十分满意："为攻南唐，朕欲效仿汉武帝，在汴州城外开凿一人工湖，用来操练水军。”

众臣听后一时诧然，还未缓过神来。柴荣御手一挥：“赵爱卿。”

赵匡胤从武将列队中走出，响亮地应声行礼：“臣在！”

“你把那水战操练的计划拿来给大家看看。”

赵匡胤随即掏出一沓文件：“臣已将方案誊写了多份，恭请陛下御览。”

柴荣微微颔首：“发给大家看看吧！”

肃静的朝堂上立马响起沙沙的翻纸声、激昂的陈述声、窸窸窣窣的议论声、不休的争论声，所有嘈杂与热闹，最终都被皇帝柴荣一语终结：“朕主意已定，这项工程便由赵爱卿负责督办吧。”

群臣高呼：“万岁，万岁，万万岁。”

于此，这个在后世被称为“金明池”的人工湖，终于踏上了历史舞台。

## 宋太宗太平兴国年间（976—984）

陈桥兵变后，赵匡胤改朝换代建立了宋朝，而由他一手策划实施的人工湖工程也成了大宋的水军军事基地。

大规模营建金明池是在宋太宗时期。据宋人王应麟《玉海》一书记载，“太平兴国元年，诏以卒三万五千凿池，以引金水河注之。”

凿池过程中，宋太宗还亲临工地视察工程进度，为嘉奖劳役的辛勤付出，他还大方地赏赐役卒每人千钱、布一端。此时，金明池尚未开凿完毕，为方便记述，史书中将其称作“新凿池”。

太平兴国三年（978）二月，凿池工程正式竣工，并引金水河河水入内，宋太宗正式赐名“金明池”。

宋敏求在《春明退朝录》中说：“太宗于西郊凿金明池，中有台榭，以阅水嬉。”太平兴国七年（982），宋太宗来到金明池，检验水军日常训练情况。将士分成红蓝两军演练攻防战事。将士们见皇帝亲临，士气大振，个个振奋不已。实战开始，只见船舫回旋，戈甲照耀，令人目骇心惊。这场激烈壮观的对抗演习战，引得太宗龙颜大悦，连连称赞。

### 宋徽宗政和年间（1111—1118）

会玩的宋徽宗登基后，金明池就从军事重地摇身一变成了皇家苑囿，这里的战船也从此沦为摆设。为了方便春游和观看水嬉，宋徽宗特意在池内兴建殿宇供他起居。

此时的金明池周长九里三十步，方正的池形，四周竖有围墙，并修建了多座大门。金明池的进水口位于西北角，池北门外紧临汴河西水门。金明池正南方向设有棂星门，站在此门处一望就能欣赏到对面的宝津楼美景。池水南岸架有一巨型拱桥，直至池中央，此桥长数百步，中央逐渐向上隆起，状如飞虹，得名“仙桥”。桥尽处，矗立着一组恢宏的殿堂，这是皇帝游乐起居的宝地——五殿。五殿遥对的池水北岸，是停放巨型龙舟的处所。仙桥临东岸处的临水殿，是皇帝宴请群臣同乐的场所。每年三月份，金明池还会对外开放，允许百姓进入游览。

张择端站在临水而立的宝津楼上，正在俯瞰整个金明池的美景。宝津楼是这组建筑中的至贵之所，今日宾客满堂，热闹非凡。原来是恰逢端午节日，皇帝正与群臣共赏争标之趣。供职于翰林图画院的张择端，因擅绘楼馆、屋宇、人物，特被宣来作画以记录本次盛会。

为将景物全貌都尽收画里，张择端决定采取全景式的构图方式。他将目光聚集在东门处，由此下笔。入东门，映入眼帘的便是金明池。放眼过去，池水四周遍植柳树，千姿百态，与红色的宫墙、宫殿遥相呼应。这空阔悠远的景色，不禁让张择端的心绪平静下来。他将视线又转向了池水边的宫苑建筑群，由左至右绘上宝津楼、虹桥、临水殿、奥屋。

忽地，金明池池心处传来震撼人心的鼓声，龙舟争标活动开始了。张择端将临水殿前的标杆画出，又注视起湖心区域的大型龙舟。

张择端《金明池争标图》局部

只见龙舟由头至尾并列筑有三进的木结构建筑，中间约五层，前后两进各三层。参赛人群分站在舟头及舟翼处，指挥军校立在舟头处，舟翼处的桨手们各执一支长橹，做准备划动的状态。大型龙舟两边各整齐地排列着五艘小龙舟，船头各立军校一名，手拿旗幡，用令旗指挥方向。将这十一艘龙舟有序地落在卷上后，张择端还来不及舒一口气，池内激烈的夺标之势已进入了白热化。“看来大家的胜负欲很强烈嘛！”张择端嘟囔了一句，画笔又转向舟队远处的“水傀儡”“水秋千”等水嬉场面上了。

而此时御苑围墙外的大街上，百姓熙熙攘攘，虽有心想看龙舟

争标的场面，但面对严兵把守的大门，终究还是止住了脚步。张择端又将此景象绘上，端详画作，他百感交集，心中不禁虚叹了一声："皇权呦！"说完，他摸了摸自己的鼻子。在新鲜出炉的《金明池争标图》左下角，用楷书小字落下了"张择端呈进"五字款。

具有战略与人文双重意义的金明池，不仅深得北宋皇帝们的喜爱，更引来了不少文人墨客争相赞咏。其中，秦观不但为金明池写词，更亲自创调谱曲，可谓情意满满。

秦观《金明池·春游》

琼苑金池，青门紫陌，似雪杨花满路。云日淡、天低昼永，过三点两点细雨。好花枝、半出墙头，似怅望、芳草王孙何处。更水绕人家，桥当门巷，燕燕莺莺飞舞。

怎得东君长为主。把绿鬓朱颜，一时留住。佳人唱、金衣莫惜，才子倒、玉山休诉。况春来、倍觉伤心，念故国情多，新年愁苦。纵宝马嘶风，红尘拂面，也则寻芳归去。

可谁又能想到，靖康年间，随着东京的沦陷，金明池里的建筑也被破坏殆尽！不过幸好，我们可以从张择端的《金明池争标图》中梦回京华，去领略这座见证了北宋兴衰历史的至珍之地。

《二祖调心图》局部

# 石恪
# 中国简笔人物画始祖

## 《二祖调心图》 我自调心，关汝何事

达摩祖师由西方而来，见梁武帝。帝王诘问达摩祖师：“这世上当真有佛存在吗？”祖师直言道：“无。”帝王勃然大怒，将达摩视

为无知者驱赶出都城。达摩遂北渡少林，终日在寺后的山洞里面壁端坐，心坚意定，不为外物所动。三年后，大批百姓闻讯而来，他们将达摩奉为圣神，以盼求得达摩的护佑。

这前来拜谒的人群中有一僧人，名叫神光。达摩忘我入定，似乎对于神光的到来全然不觉。神光朝夕参承，一日不辍。他苦等许久未得丝毫回应，于是暗自思忖："古往今来求道之人，无不历尽艰难险阻，克服种种磨难。我亦应该如此！"

寒来暑往，春秋交替，又是一年冬，达摩九年面壁满，回首只见漫天大雪中，有一人在洞外久立不动，积雪已然没过他的双膝。达摩见他如此虔诚，心生怜悯，开口问道："汝久立雪中，所求何事？"神光流泪说："惟愿和尚慈悲，广开佛门，以渡世人。"

达摩担忧神光求法的决心不足，难以恒久。于是，以"诸佛无上妙道"不是"小德小智，轻心慢心者所得"为由，回绝了神光希冀传道的请求。

神光听了祖师的教诲瞬间顿悟，为显示自己求法的真心和坚决，他取来利刃，自断左臂，并把它放置在达摩面前。达摩被他一心求道的虔诚所感动，于是将神光留在了自己的身边，并为他更换了一个法名"慧可"。后来，慧可习得四卷《楞伽经》，继承了祖师衣钵，成为禅宗二祖。

“来来来，瞧一瞧看一看了！”石恪讲完禅门典故后，看着围在他身边的听众们，得意地单手一挥，提高了音量：“大伙回回神，定定眼，我这有两幅好画……”

话还未说完，就被围观的群众打断，只见那人一脸沉醉的模样：“小郎君啊，还有没有故事啦，咱们大家还没听够呢。”

众人跟着附和：“就是，就是，再讲一个。”

石恪黝黑的眼珠一转，伸出手：“今个不讲了，不过这故事啊，还有个后续。”大家随着石恪伸出的手一看，竟是他极力推销的画作之一。

有人急不可耐：“快别卖关子了！”

石恪爽然一笑：“你们看，这画中人可不就是故事中立雪及膝、断臂求法的主人公，二祖慧可嘛！”

众人这才把视线转到画上，只见画中用恣意的笔墨绘有一个以手托腮，似睡非睡的高僧形象。乍一入眼，让人只觉诙谐滑稽。分明是世外高僧，可那慧可禅师的胡须好似许久没有修理过了；他紧闭双眼，嘴唇似张非张，似合非合，脸上的神情哭笑交融，让人忍俊不禁；再看他的衣着姿态，只见衣襟随意、胡乱地披在身上，光着双脚交叉趺坐在地上，右手托腮将肘部支在腿上，一副沉思的模样，给人一种不修边幅的感觉。

而另一幅画的丰干祖师形象更为奇特，他竟然倚着老虎安心地睡着了。再一细观，这哪里像是老虎呀，分明就是只“慵懒入睡”的大猫呀！令人啧啧称奇的是，那老虎的神态形貌竟与丰干祖师极为相似。如此，老虎、大猫傻傻分不清楚，人像虎，虎像猫，均微闭双目，处于假寐的状态，一副万事不关心的神情。

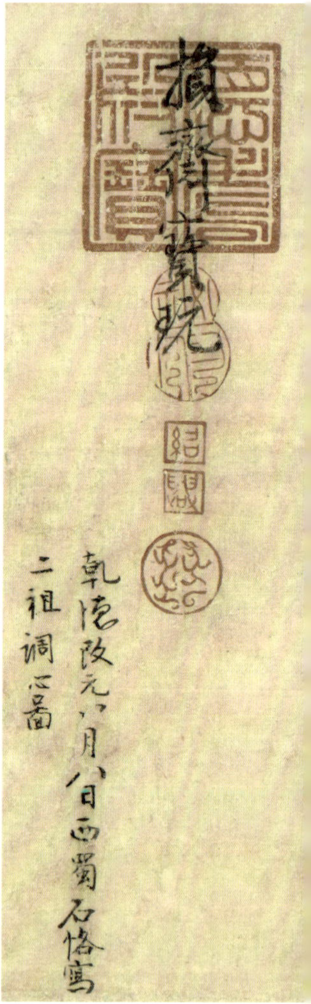


这两幅画顿时在人群中掀起了波澜，有人面露不解：“这潦草的笔法，原谅我竟然看不懂画的是啥。”

有人惊奇：“呦，可不得了，怎么这么几笔就把人画活了呢！”

更多人是诧异：“二位禅宗祖师都是得道高僧，怎会是如此形象？”

大家对视了几下，眼神交汇，默契地心想：“这说书的小哥一定是个新手画家。”

众人面露疑惑交头接耳中，突然有人半开玩笑道：“这画如此稀奇，小哥卖给我吧。”

石恪对众人的言语、神态并不在意，抬头看了眼这分明不懂画意的买主，应了一句：“不卖！”说完卷了两幅画置入画筒，提着水壶就穿过人群，潇洒地走了。众人醒过神来：“这小哥什么情况，画怪，人也怪。”石恪挥挥衣袖，哼着诗歌，径自往大相国寺画墙去了。我自调心，关汝何事。

史载，宋开宝八年（975），石恪曾画相国寺壁。

石恪，字子专，五代末北宋初画家，师从张南本，工画人物，后形成自己的风格，成为禅意书画名家，中国水墨简笔人物画的开山鼻祖。石恪的史料记载不多，他为人古怪、善口辩，宋朝时曾被授以画院之职，他坚辞不就。豪贵请他作画，他的图画之中必有讥讽之义。乐游人生，滑稽玩世的他，画起画来笔墨纵逸，不拘成法。他打破传统，用狂放的笔势，简练夸张的形象，表现人物的精神状态和个性特征。

两宋时期随着禅宗的逐渐兴盛，佛教广泛地渗透到人们生活的各个领域，无论是贵族官僚，还是普通百姓，都受到了佛教的影响，与佛教有着千丝万缕的联系。而禅宗绘画也在这个时期，得以形成并逐步发展成熟。

从留存的宋代禅宗人物画卷上可以看出，这一系列的作品运笔恣意、夸张，创作出来的人物形象比不得唐代人物画的精细工整，笔锋似荒诞不经，不刻意、不雕琢，信手拈来，倒是在意境上与禅宗相通。《二祖调心图》便是这一风格的代表画作。

后来，北宋文学大家欧阳修提出“画意不画形”，苏轼提出“论画以形似，见与儿童邻”的概念，写意也成了中国画的美学审美核心。当然“写意”这一概念，与石恪这位画风清奇的大画家有着密不可分的关系。《二祖调心图》在人物刻画上看似简约潦草，实则是大胆摒弃了不必要的细节，用最精练的笔墨，突显人物的神态、个性。再看画中这自由豪放的笔法，其笔墨浓淡、粗细和干湿以及黑白层次的处理，清晰且富含变化，直抒胸臆，达到了“画意不画形”的艺术境界。

石恪取“二祖调心”的典故，随兴自然地在画中浸入自己的主观感受和意趣，不思善恶，行住坐卧，触目遇缘，皆入不二法门的禅意。石恪拿着画笔在相国寺的墙壁上落下一笔，看着人流如织的寺庙，心中波澜微起：如今佛教竟是越发繁荣了。心思一转，又是自念：世间起落，随心自在，又与我何干。

# 王诜
# 能诗善画的驸马爷

## 《烟江叠嶂图》 诗书画三绝的至宝

一片浩渺苍茫的江水，水波翻涌着，延伸向没有边际的远方，烟雾缭绕中青山若隐若现。在这犹如仙境诗画般的地方，身着一袭

青衫的男子眼眸中却全无惬意，他手中执桨，只觉得眼下一片迷茫，再不前进，似乎随时都要湮没在这偌大的江湖迷雾之中。他漂泊在孤舟上，四处张望，青山在这弥漫的雾气中只留下一道暗影，一抹山痕。

男子只得竭力地划桨，驾着他的扁舟寻找不知在何处的江岸。他刚穿透迷雾看到了水草丛生、礁石嶙峋的岸边，还来不及欣喜，竟又陷入了烟雾迷蒙中。如此周而复始，这雾、这水竟是没有穷尽，他怔怔地看着远方……

忽地，王诜从床铺上惊起。他呼哧呼哧地喘息着，像是一条搁浅的鱼，焦虑无措，只得拼命挣扎。他眼神涣散地望着窗外，直到那清冷的月光挥洒到泛着莹润光泽的地板上，才恍然回过神来：竟是大梦一场。他微微叹了一口气，拍打着胸口的手缓缓停了下来，嘴角颤抖着往上一提，眼眸又垂了下来，自嘲道："谁说这只是梦呢？"

睡意全无的王诜随即披上外衫，来到书房，挑亮了灯盏，于画案上铺上柔软有光泽的丝绢，提笔，竟把梦境中的景象全部描绘了出来。每画完一笔，迷惘的心思就清减一分。画着画着，王诜竟找到了梦中无法抵达的远岸。他在堤岸旁画上临水生长的树，在扁舟里画上人，与他一同执桨作伴。

画面中，被迷雾掩藏的山影正与一座清朗的山相连，青绿的山石在云烟和江水衬托下，显得分外明丽清晰。山坳百道飞泉从阶梯式的山崖倾泻而下，奔赴谷口。这争流的飞瀑，与山间丰茂的草木、耸立的奇峰、弥漫的云雾交汇，竟消融了烟江带来的迷惘，迸

发出了动人的旺盛活力。王诜看着画卷，只觉被梦境纠缠的心又恢复了往日的活泼律动，他欣然一笑，又继续落笔。

远处山脚的矮坡上，数十株青树挺拔有致，看上去像极了品格高洁的志士。画到这里，王诜的心仿佛沉静了下来，一片祥和安定。在群山中央，一团云探出了半截身影。团云笼罩下的青山，犹如天宫的仙山，云蒸雾绕中楼阁隐现，王诜望着阁楼出了神，心思不由得放飞到了那理想中的天宫仙国里。

待画作完成，王诜拿着这幅《烟江叠嶂图》，来到王巩府上，将画赠与了他。元祐三年（1088）冬，苏轼在王巩家看到这幅画作，此时他刚经历了贬谪黄州的辛酸岁月，一时有所感触，灵感奔涌，挥笔便作了一首《书王定国所藏烟江叠嶂图》，借题发挥，抒发自己内心交织的复杂情感。

江上愁心千叠山，浮空积翠如云烟。山耶云耶远莫知，烟空云散山依然。但见两崖苍苍暗绝谷，中有百道飞来泉。萦林络石隐复见，下赴谷口为奔川。川平山开林麓断，小桥野店依山前。行人稍度乔木外，渔舟一叶江吞天。使君何从得此本，点缀毫末分清妍。不知人间何处有此境，径欲往买二顷田。君不见武昌樊口幽绝处，东坡先生留五年。春风摇江天漠漠，暮云卷雨山娟娟。丹枫翻鸦伴水宿，长松落雪惊醉眠。桃花流水在人世，武陵岂必皆神仙。江山清空我尘土，虽有去路寻无缘。还君此画三叹息，山中故人应有招我归来篇。

这首诗的前十二句描写了画中的物象，将画中景当作真实的景色来描写。看到这些物象，游历了大好山河的苏轼也禁不住感叹："不知人间何处有此境，径欲往买二顷田。"可见这画中景色的确让苏轼沉醉入迷了。后面十六句则是观画人苏轼自己的感悟了。从苏轼的诗中，王诜看到了自身，也看到了友人真挚的情感，对于这样一位知己，王诜情难自已，在苏诗后进行了唱和，并在诗中表达了自己对生命真意的感悟。苏轼旋即再和诗一首，王诜又另赋唱和诗一首。一幅画，两个人、四首诗就构筑成了这幅诗书画三绝的至宝《烟江叠嶂图》。

王诜，字晋卿，山西太原人。他出身贵族，本来就是有权有势的富二代，后来又娶了比自己小十余岁的蜀国公主为妻，成为驸马。

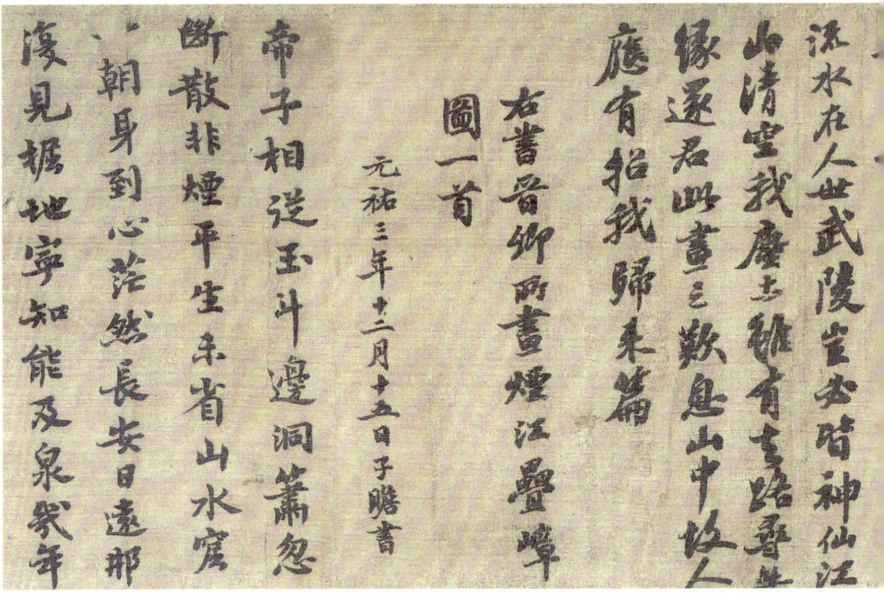


托公主的福，王诜的仕途一路亨通，直上青云。

王诜的朋友圈可谓是群星璀璨：苏轼、苏辙、黄庭坚、米芾、秦观等顶流文人，都是他的“男闺蜜”。李公麟的名画《西园雅集图》便描绘了他们在一起吟诗赏月、喝酒作画聚会的情景。

王诜还是个满腹才华的文人，他能诗擅画，现藏于上海博物馆的《烟江叠嶂图》就是其代表作之一。《烟江叠嶂图》有青绿设色

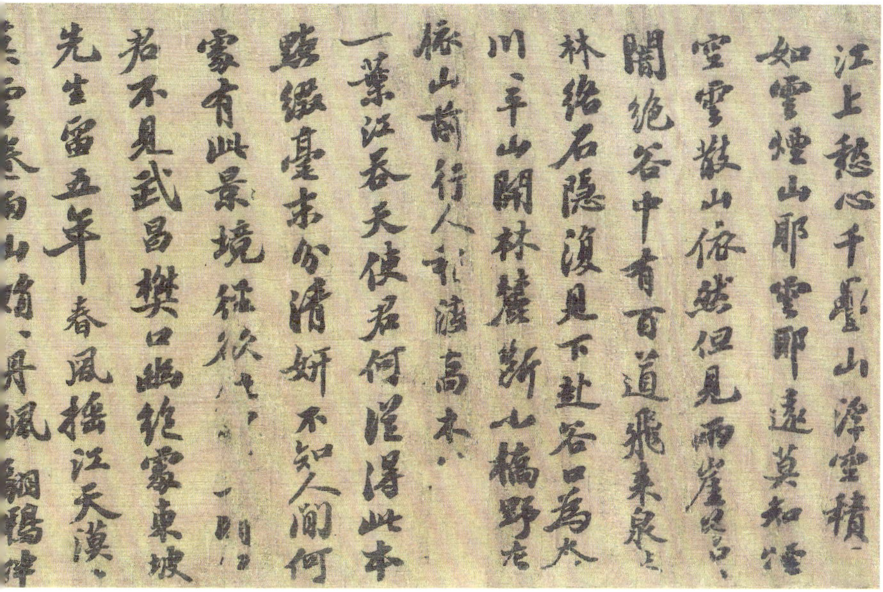

《烟江叠嶂图》后王诜和苏轼的唱和诗

和水墨两个版本。水墨画卷上题有王诜与苏轼唱和诗各两首。

身为皇室贵戚、北宋神宗的妹夫，王诜又是从哪里生出来的迷茫和无尽忧愁呢？这还要从王诜驸马的身份说起。

深爱丈夫的蜀国公主自从嫁给王诜后，便立志做一个贤妻良母。她搬到王诜寡母卢氏的屋子旁居住，细心照料她的生活起居，一言一行都无可挑剔。公主是一位好妻子，但王诜却并不是一个好丈夫。据《宋史》记载，王诜辜负了公主对他的期望，被贬到了均州。深爱王诜的公主在去世前，对前来看望自己的哥哥宋神宗一再请求恢复王诜的官职。为了安慰妹妹，宋神宗将王诜调回京都，但不久后，王诜再次被贬。

但王诜被贬不仅与得罪公主有关，还因遭受了苏轼“乌台诗案”的牵连。王诜与苏轼同为性情爽朗之人，又兴趣相投，两人交情极深。有古籍记载，苏轼嫁外甥女时，曾向“有钱人”王诜借钱二百贯，秋天又借钱一百贯。王诜大方借出且不要求还钱。此外，王诜还经常送给苏轼礼物，如“送弓一张、箭十只、包指十个与轼”。在苏轼外放为官后，王诜也经常与苏轼书信往来。“乌台诗案”爆发后，身在京城的驸马爷王诜冒着极大的风险，偷偷向铁哥们儿苏轼走漏了消息。泄露朝廷机密就是蔑视皇权，讲义气的王诜为好友苏轼赔上了自己的前程。而与苏轼、王诜一起被贬的还有《烟江叠嶂图》最初的收藏者王巩。

1088 年，王诜作《烟江叠嶂图》时，他已经和苏轼等人相继被赦免回到汴京。从年少轻狂的贵族少年到登临高位的驸马爷，再到贬谪多年的落魄文人，华发苍颜的王诜将对人生的了悟都融进了画里，写到了诗里。曾经迷茫过，亦曾仓皇过，无数次渴盼又失落，王诜却一直在画卷里坚守着、追寻着自己的晴川梦。

## 《渔村小雪图》 收藏界的大咖

寒风忽至，雾霭笼罩下的天空越发寂寥。霎时，竟有微小的雪花从低垂的阴云里飘洒而来。雪花飘飘荡荡，似点点愁绪飞入王诜

的心间。自从被贬出京城，王诜就一直沉浸在郁色中，此时他正站在屋檐下，伸手触碰那莹白的飞雪，回忆起往昔那饮宴雅集不断、丝竹不绝的热闹生活，竟有种恍如隔世的感觉。饱受人情冷暖的王诜，学会了独自品尝孤寂，也学会了每当忧愁来临时，便去自然山水中放松心情，找寻自我。备上浊酒，背上画具，王诜决意外出赏雪。

冒着细雪，王诜一路来到了小渔村，还未来得及感叹雪中迷人的山色，小雪骤然而止。天边金光隐现，太阳微露，天色竟已然转晴。王诜随手抹了抹头上细碎的积雪，极目远眺，内心大喜，小雪初霁的渔村，山林景色当真是绝美。

远处是绵延起伏、苍润雄伟的群山，石崖上苍松在白雪的洗礼下更显坚韧，细看两山缺口中间竟有一城关，王诜前行的身影微微一顿，心中竟催出了咫尺千里的了悟。孤桥斜径太寂寞了，不如人间烟火。

王诜继续往渔村走去，寒冬虽至，但河水潺潺并未冻结，河边的枯柳枝头和凋黄的芦苇叶上洒下了一片微光，水鸟飞翔，几间茅屋搭在水边山上，那是渔民的村庄。王诜疾步走到江边，坐上小舟，迫不及待地想将自身融入这风景中。近处石壁上生长着两株长松，石壁下河水中有渔船数只，渔人有垂钓的，有塘间布网的，无不自得其乐。窸窸窣窣的声音响起，王诜抬头一看，原来溪谷中有老者正踏雪而来，仆人携琴紧随其后。

遇到同道中人的王诜，脸上不禁浮现出笑意，他端起酒杯感到无比畅快：渔村小雪晴，但饮一杯无。

《渔村小雪图》是一幅设色绢本山水画，现藏于故宫博物院。展卷一看，峭壁坚利，寒林乍现，竟有惊心动魄之感，给人以天地万仞、咫尺千里之感。

王诜的山水佳作有两种形式，分别为青绿设色和水墨淡彩。在勾画雪后渔村的清幽景象时，王诜师法绘画大师李成，绘画山石如卷动的云，山石边缘轮廓又用唐代王维等人的“山水破墨法”，在勾勒之后将墨色用清水渗化，墨色苍劲浑厚，极具质感。王诜又创造性地在水墨中点染金碧重彩，表现雪后日光的闪耀与璀璨，此卷将青绿与水墨熔于一炉，堪属王诜突破传统，自成一家的代表佳作。

石壁下的数艘渔船，多个人物动态，布景自然，无一处雷同。这种神妙细致的写生画法，不是只凭想象就能画出的，这对画者的画技和入微的观察力要求极高。细看之下，那渔网里似随意用墨点绘出的小鱼，竟活生生好似要跳出网外。他

用淡赭勾画人物和树身，天空和溪流带有淡淡的苦绿，树梢和山顶的点点积雪，又洒上细薄的白粉，还在雪后刚放晴的天空上用弹粉的方法来表现随风飞舞的雪花。画中景色皆是作者对小雪中的渔村景物的细致观察，深刻体验。

雪山奇松，烟波浩渺，文人雅士于山水间泊舟浅酌，白云深处是茅屋人家，峰回路转处可见老树苍藤，行人童子踏雪前行。整个画面空灵萧索，寂静深远，虽有渔夫在恶劣的天气下艰苦劳作，但纵观全图却饱含了文人逸士对隐逸山林生活的向往。

能画出如此佳作，除了作者体验式的生活状态之外，高超的绘

画技艺、社会环境的影响，以及王诜的收藏家身份都与之有着密不可分的关系。北宋建立后，宋太祖赵匡胤曾在宗庙中立下了一块石碑，碑文中再三强调优待文臣及士大夫的立国方针。宋朝官方推出的一系列优待文士的政策，极大地影响并推动了书画艺术的高质量发展与繁荣。除了官方书画鉴藏外，宋朝士人也热衷于文艺物品的鉴赏和收藏，私人鉴藏更成了宋代一个格外突出的文化现象。南宋宗室赵希鹄还专门撰写了一本关于收藏鉴赏的著作《洞天清录》。

如若给北宋时期的书画鉴赏收藏家排行论资，那么榜首非宋徽宗莫属，而紧跟其后的就是神宗朝时的驸马爷——王诜。作为北宋私人鉴藏家的典型代表，王诜的藏品之精贵让人瞠目结舌：《照夜白图》《牧马图》，以及王羲之的《快雪时晴帖》等书画名迹都集于他手中。那么王诜有什么资本成为收藏界的大咖呢？

第一就是文艺俱佳的王诜对于书画的鉴藏达到了痴迷的程度。而他本身就是一位水平极高的画家，热爱是他进行书画鉴藏的本源。

第二，王诜出身贵族，父亲是宋朝的开国元勋，在朝为官的他还是极为受宠的皇亲国戚，他是宋英宗的女婿，宋神宗的妹夫，论辈分还是宋徽宗的姑父。有权有势，还有财力支撑，使他有足够的能力从事书画鉴藏活动。

第三，便是他拥有堪称豪华的朋友圈，这群顶级文豪雅士们对书画鉴藏的热衷也不可小觑。

第四就是王诜扯得下脸面，他借画不还在圈子内广为流传，无人不晓。除了接受赏赐、友人赠送、藏品互换、自身购买书画作品进行收藏外，为了得到心爱的藏品，王诜还常采用借而不还、作伪和摹拓这些让人不齿的手段来强夺藏品，可以说是煞费苦心。

鉴定作伪专家米芾就曾在《跋快雪时晴帖》中哭诉道，王诜借了他的藏品后，竟黑心地割下原作中的名人题跋及章署，合裱在模本后，将真迹留下，伪作归还给他。其半真半假的作伪技艺不可谓不高超。

王诜转身眉毛微挑："哦？史上最无耻的驸马？如此称谓不妥不妥！"

东坡先生将折扇一收，啪地轻拍到王诜肩上："那你意何如？"

"不若换成'鉴定作伪奇才'方贴切罢！"王诜捻着胡须笑道。

"挂这称呼前，先把借我的画还我，呵呵！"

"苏兄快看，我这旧作《渔村小雪图》如何？"

## 《绣栊晓镜图》 理学约束下的着装小心机

玫瑰色的晨曦散去最后一道余痕，浅蓝色的天幕上旭日初升。吱呀一声，一双娇嫩的柔荑推开轩窗，露出一张素净白皙的脸，女子云发铺散，一副刚睡醒的样子。日光渐暖，女子沐浴着晨光开始梳妆打扮。

脸上均匀地涂抹上淡淡的脂粉，胭脂轻扫而过，留下一抹红粉。这淡妆正是时下流行的式样。手持巴掌大小的玉梳，用钗及丝带把头发梳饰成髻，再用玉分扎成高雅的发式，点上珠钗。面向镜子，女子眼波流转，竟把自己看痴了。穿上绣裙，越发欣喜，于是乎干脆叫来仆从将梳妆台与铜镜抬到院落，然后细细端详镜中自己的样子有无缺憾之处。一个侍女手捧茶盘，垂首在旁静侍。

一妇人踏着款款玉步，袅袅婷婷地来到庭院中："妹妹真是好雅致，这妆容裙襦怎一个美字了得。"

女子听后脸带羞涩，只回得："姐姐惯会取笑于我。"妇人目光一转，看到在一旁侍奉茶点的侍女，便伸手去盘中取茶盏。

"妹妹怎不用些茶水？"

女子粲然："我这嘴上新涂了口脂，无福消受。"阳光洒在庭院中，时光都闲适雅致了起来。

《绣栊晓镜图》是宋代画家王诜创作的一幅绢本设色人物画。此文物原属故宫旧藏，现收藏于台北故宫博物院。

图中用笔圆润流畅，着色细腻清丽。庭院里红墙映衬绿树，灌丛、桂树皆是先用墨线勾勒物象轮廓后，再用颜色填染的"双钩设色法"绘制而成。细看树木线条流畅纤细，敷色光艳，墨韵之外更添趣味。宋代院体画传承了五代绘画大师黄筌富丽典雅的写生风格，而黄筌正是“双钩设色法”这种传统绘画技艺的代表人物。所以在宋代，无论是在朝廷的画院，还是民间，这种绘画技法都得以广泛使用，王诜会使用这种绘画技法当无疑问。

此画不仅为我们再现了宋代社会的世俗生活，画中两位女子的穿着，还反映出了当时女性的穿衣风格。宋朝服饰在承接晚唐五代的形制基础上，又受当时程朱理学的影响，服装款式严谨有度，两宋三百多年，大体没有变动。宋代人民普遍生活富庶，社会上百工繁荣，文化昌盛。在这个织锦工艺鼎盛的时代，三大名锦之一的宋锦走上了历史舞台。那么宋朝的服饰随之有什么变化呢？透过《绣栊晓镜图》这幅宋画，我们从中能找到一些宋代女子在理学约束下的小心机、展示自我释放魅力的小细节。

宋代对民众服饰的禁令和规范不计其数。宋初时，朝廷曾针对职位低下的人，如平民、商人、艺人等，做出只许穿黑白两色服装的法规。不同身份的百姓衣着样式、颜色皆有法令，民众不得也不敢逾越。这和现代的职业装倒是有些许相近，只是那时是北宋政府强制规定的。

当然，宋朝的着装政令在推行伊始并不是特别顺利。宋朝初期，民众的衣装自然也带了点唐时的风格，可谓百花齐放。为了方便统治，政府决心下令整改服装样式。比如，女子的服装颜色要与自家

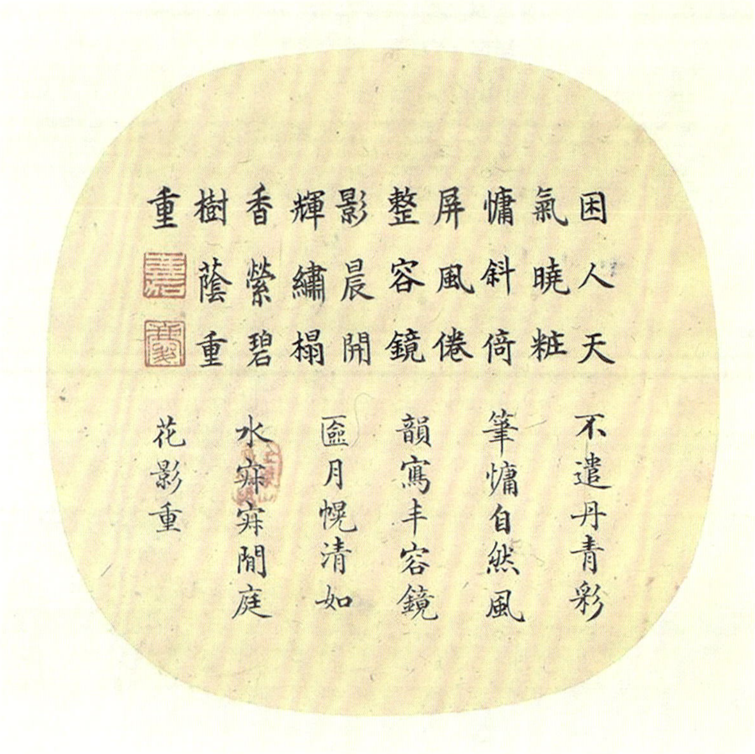


王诜《绣栊晓镜图》背面题跋

夫君的一样或者对应。宋朝官方大刀阔斧地在全国掀起了改革服装的风潮，但审美各异，对美有执着追求的民众并没有多少人听从官府命令，街道上人们的服装样式甚至变得更加“五彩缤纷”了。加之宋代又是一个多民族融合的时代，少数民族地区与中原的商贸来往非常密切，如此一来，大家的审美再一次得到“放飞”。人们在原有的服装基础上，融入少数民族的服饰特色，创造了新的“奇装异服”。皇帝头痛之余终于下达了数条死令，如“穿契丹族服饰者斩首”。此后，宋朝的服装令才真正得以推行。

在如此全面而严苛的服饰约束下，宋代女性将对服饰美的追求转移到了服装面料和丝绸花纹设计上，同时为了突显魅力，在精心设计服装之外，宋朝女性时兴“飞髻危冠”，甚至有女子头戴高达三尺的花冠，如此装束走动起来像极了行走的巨型花仙子。这大概也是宋朝女性在特定环境下一种爱美天性的释放吧。

《绣栊晓镜图》中女子的服饰为宋朝妇女主要的服装款式：交领窄袖拖地裙。具体来说是上身着窄袖的短衣，下身穿淡雅长裙，在短衣外面再加一件直领对襟的长袖小褙子。宋时无论皇亲贵族，还是寻常女子，都爱这样穿，因为这样穿着不仅得体舒适，又显得典雅大方。当然不同身份的女子，其服饰布料，以及褙子的领口和前襟刺绣的花边精致程度和花色也不尽相同。

宋代富贵人家的女子着装以显瘦和简约为美，区别于唐朝女子衣服多为红色、紫色、绿色、青色等富丽堂皇的颜色。宋代女子穿衣以追求淡雅恬静、得体大方为宗旨。如此一来，她们的衣服多为低调的粉紫、葱白、沉香等色。儒雅的颜色再缀以别致的花纹，比如一株兰草、几朵梅花，这些看似有些寡淡的搭配，在视觉上却给人以自然活泼又清新的美感。此外，大户人家的女子还会别出心裁地以花草提色晕染在布料上，这样做出来的衣裙不但颜色独特还能自带花香。

北宋时期还曾短暂地流行过“大袖子”“阔腿裤”等潮流服装，富贵女子们外出时如若需要骑马，为方便出行，她们则会换上一种前后开叉的裙子。

《绣栊晓镜图》中女子梳妆台上的铜镜将她的容颜映照得异常清晰，可以看出宋人精湛的制镜技术。不过在宋代，是不允许直言“镜”这一字的，因宋太祖爷爷的名字为赵敬，为了避免冲撞皇族，宋人统一将铜镜称为“照子”或“铜鉴”。

那女子在寒露浸润草木的拂晓开始梳妆打扮，在铜鉴前回眸一笑，浑然不知竟然有人将这闲情雅致勾勒成了扇面，且被后世珍藏了千年。

马麟《静听松风图》局部

# 马麟
# 最成功的“画二代”之一

## 《静听松风图》 青出于蓝，自成一格

作为一个“画二代”是怎样的体验？宋代画坛巨匠马远的传承人马麟大概可以回答这个问题。

悠长的夏日，清风将天空晕染得湛蓝深远。一群身着青衫的画师来到了绿意盎然的深林中采风作画，在这群年轻的宫廷画师里，马麟无疑是最耀眼的存在。但作为焦点的他，却忍不住想找个僻静的地方躲一躲。只因此时他这颗耀眼的画界新星不是靠自己发光发亮，而是借了自家父亲大画家马远的光辉映照罢了！

这不，一位德高望重的大画家笑眯眯地向马麟招手，在画师们如炬的目光中，马麟的脸上泛起了一丝潮红。前辈拍拍马麟的肩膀，一副温柔可亲的模样："贤侄啊，你父亲时常与我说起你，他当年学画时……你可不要辜负你父亲对你的希望啊！"面对长辈的亲切问候，马麟只得真诚点头又恭敬含蓄地夸赞了前辈几句，这一波商业互吹才落下了帷幕。

看到画师们或嫉妒，或讥讽，或羡慕的复杂眼神，马麟只当浑然不知，悠悠然寻了处幽静的地方，准备赏景作画。毕竟他家几代都是画师，父亲更是开辟了“斧劈皴”这种绘画技法的一代宗师，他既然选择了作画这一道路，又怎会因为几句酸辣的闲言碎语就自暴自弃。不过压力肯定是有的，祖辈们将家学传授于他，而他面临的是绘画风格上的创新，以形成自己的风格，只一想就觉得压力似大山一样向他压来。马麟摇头笑了笑：“努力之余，一切顺其自然吧！”

马麟走到一四周空旷处，刚想休息一番，却听到一小童的声音：“先生，这里还挺凉快的！”他抬眼一看，两棵姿态苍劲的老松树间，竟有一位仙风道骨的高士斜倚在枝干盘曲的松根上乘凉。高士听到书童的话只淡然一笑：“嘘，你听！”

虽不是对马麟说的话，但马麟竟被高士的话语所吸引，竟也侧起耳朵凝神倾听了起来。“啊！是风！风拂过松针飒飒作响呢！”马麟惊喜道。高士听到马麟的声音，回过头这才看见他的身影，冲马麟微一点头，又沉入到幽然的风声中了。马麟灵感乍现，铺上随身携带的画板将眼前景象都绘入了画卷里。

《静听松风图》是南宋画家马麟创作的一幅绢本设色人物画，

现藏于台北故宫博物院。

图中绘有两株宛若苍龙的迎风高松。树干遒劲奇秀，枝叶随风摇曳。一老者衣襟微开，翘着左腿，悠然安适地坐在松树蜿蜒突出的树根上，侧着耳朵正在听风冥想，老者的体态面容和恣意的穿着、随意的动作，无不将观者带入神气舒畅、静定闲适的境界。老者下首有一童子执扇立于前方。

马麟在这幅画中，便向我们展现了他高超的技法与细腻的洞察力和卓越的巧思。如果细看那两棵高大盘曲的老松树，就会发现树上的松针和枝干上的藤蔓都在随着风顺着一个方向拂动，而且越到松树的高处，松针和藤蔓摆动的幅度越大越肆意，因四野空旷，风儿在无遮挡的高处吹得更为急促。再细观那老者的表情，虽然脸侧向了左边，但目光锁定的却是风儿吹来的方向——右边。画家在表现老者的耳朵时用笔墨特意强调，营造出老者凝神听松涛的潇洒出尘的神情。童子手中的扇子、老者的衣着状态、青翠的松针和流淌的山涧，都在提示我们这可能是一个炎热的夏天，老者寻了个空旷的树荫吹风乘凉呢。

这样的意境颇有王维诗中“人闲桂花落”的韵味。画如其人，能精细地观察到大自然最细腻幽微的变化，画出这样悠静闲逸作品的马麟，一定也是个温和秀润的人啊！

从《静听松风图》中，我们很明确地看到，马麟的画风不单是世承家学，他能在他父亲画法的基础上创新，形成自己的风格。这幅画中的构图和取景布局，虽然有其父亲马远简妙清远的特点，但在清远中又含有严谨细致的一面。他画松树用浓重的墨线密皴，画山石则用小斧劈皴，先用线条勾勒出远山，再用水墨渲染，有家学中苍劲雄奇之风，但密实的线条中又不乏清润柔挺之意；最特别的是画中人物的面容、衣纹，和马远作品中的人物风格很不一样，马麟的用笔更为秀逸柔润，圆劲中更显流畅。由此可见，马麟的绘画笔法虽与其父马远有类似的地方，但整体风格要比马远秀润一些。

世传文献中有人这样评价马麟的画："麟不逮父。远爱其子，多于己画上题麟，盖欲其章也。"意思为马麟的部分

画作可能是他父亲马远望子成龙，为了使儿子的画艺扬名，故而将自己的画题作马麟的作品用来蒙骗世人。

不过这种传言可能只是一种误解罢了。南宋时期，宫廷画家可在起稿或修改阶段向上级画师寻求协助，而低阶画师创稿时要循例由首领待诏修改以求进。马远作为宫廷首席画师，依照惯例帮当时还是低阶画师的儿子修正画稿，也就不稀奇了。

作为中国美术史上有名的绘画世家，马麟一家一连五代都在画院里工作，“马家”画风，可以说贯穿了北宋和南宋百余年的宫廷画坛。

我国的画院历史十分悠久，唐代已设待诏、供奉等画家公职。五代时，西蜀、南唐曾设立画院。北宋初期设置了翰林图画院，专门为皇室贵族服务。要想进入画院工作成为官方公务人员也需要通过专业的考试，画师的考核标准极其严苛，“以不仿前人，而物之情态形色俱若自然，笔韵高简为工”。皇家画院即宣和画院，在宋徽宗赵佶的扶持下，在北宋后期达到了繁荣的巅峰。南宋初期除了宣和画院的旧人，朝廷又选拔了大批当地画手重建了画院。不过南宋的画院并没有沿袭北宋画院的官制体系，而是分为了御前画师和非御前画师两大系统服务于宫廷。南宋朝廷灵活施展轮值、当班和雇佣制度，随势调遣画师入宫当差侍君。这也就意味着南宋画院失去了实体机构，画师们走出宫墙散居在市井中，替朝廷省下了大笔费用。

夜阑人未眠，画室里烛火依旧辉煌。

“父亲，您看我这幅《静听松风图》画得如何？”

马远的声音竟有一丝欣慰的哽咽：“麟儿的画工竟有青出于蓝的苗头了。”

“您没听说过虎父无犬子吗？”笑声起，微风拂过松林，唯有时光在安然流淌。

宋理宗亲笔题跋

## 《夕阳秋色图》 山含秋色近，燕渡夕阳迟

我是马麟，自打娘胎起，命运就给我写好了剧本，我注定要成为一个画家。

我出身于一个绘画世家，高祖马贲曾是大宋皇家画院的元老。凭借几代的传承与积累，我们马氏一族的画风可谓享誉画坛，但父亲马远却不甘心于吃老本。他对我说："自南渡后，现在朝廷里的顶级画师大多来自北方，北方来的画家擅长画充满天地宇宙气象的大山，却不大会画细水。"于是父亲便经常到西湖边、钱塘江畔散步，仔细观察水的万般变化。后来父亲将多年的观察结果总结成了《十二水图》，并将这份宝贵的资料无私地作为教科书，分享给了后辈们，官家听说了这件事后非常感动。

耳濡目染之下，我在作画时也喜欢去自然中追寻灵感。高宗期间，与金人达成了和约，在平和的氛围之下，如今的朝廷内外都沉醉在西湖的秀丽景色之中。生活在高雅情趣里的贵人们对画作的审美也提出了更高层次的需求，他们显然更欣赏那种由内而外、诗画相融的画风。作为今天当值的御前画师，我就接到了官家亲书的命题诗联："山含秋色近，燕渡夕阳迟。"

其实不单是官家，画师们也热衷于在前朝以及前人的诗词中寻找创作的灵感。李嵩的《月夜看潮图》，取的就是苏轼“寄语重门休上钥，夜潮留向月中看”的诗意。父亲的作品《寒江独钓图》的灵感，也来源于唐代柳宗元《江雪》中的句子“孤舟蓑笠翁，独钓寒江雪”。

毫无头绪的我走出宫廷，穿过深林来到湖畔体味自然。正值日落时分，夕阳的余晖却似乎满含眷恋，竟迟迟不肯褪去。烟霞四垂，留下一抹胭红，给这苍润的湖山带来了一丝秋意。云岚晚霞中几只鸟儿掠过湖水，飞向茂密的树林处。在目睹了白日与黑夜交替时分的瑰丽后，我的心怦然惊动了，还有什么比眼前的景象更能引起我的诗情画意呢？挥笔之下，一幅《夕阳秋色图》就这样诞生了。

《夕阳秋色图》纵 51.5 厘米，横 27 厘米，是南宋画家马麟创作的一幅绢本设色画，现收藏于日本东京根津美术馆。据说这幅饱含诗意的山水画是马麟根据宋理宗亲自书写的诗联而作，作品原本为册页形式，流传到日本后被装裱成了挂轴形式展出。

《夕阳秋色图》的画面着墨不多，但意趣横溢。整幅画面的用笔集中在下半部分，作者重点刻画了秋色夕阳。远景处，数座山峰衔着火红的斜阳，山石树木的轮廓，也被夕阳的余晖笼罩在一派紫红的云雾中；近景一片浩渺的水面上，四只燕子正在水面低飞嬉戏，它们有的掠水而过，有的昂着身姿，有的稍收翅膀似乎在俯视水中的游鱼，还有一只流连于水面，似在欣赏水中泛着金光的夕阳。这些盛开在水墨山水间的小精灵，在此刻化成了山水的魂魄。

画幅上半部分有宋理宗秉笔所题的“山含秋色近，燕渡夕阳迟”诗句。不过这首诗并不是宋理宗的原创，而是取自唐代[illegible]长卿的《陪王明府泛舟》一诗：

花县弹琴暇，樵风载酒时。
山含秋色近，鸟度夕阳迟。
出没凫成浪，蒙笼竹亚枝。
云峰逐人意，来去解相随。

宋理宗将诗中的“鸟度”改为了“燕渡”。那么为何刘长卿诗中的“鸟”到了宋理宗手中具化为了“燕”呢？这与燕子在古代的象征意义密不可分，古人有“燕子筑巢，紫气东来”的说法。燕子总是成双成对地出入在人家屋檐下，于是乎有情人将渴望比翼双飞的情感寄托在燕子身上。因此燕子象征着爱情的美好忠贞，也传达了情人之间的思念之情。再者，燕子哺育雏鸟每日不辞辛苦地往返飞翔，对雏鸟的呵护可以说是无微不至。

身为宫廷画家的马麟怎能不明白宋理宗特意将“鸟”改为“燕”的含义。那么画中的四只燕子有什么讲究呢？我们再细看这句诗的后面是皇帝亲书的“赐公主”三个小字，就会明白宋理宗的良苦用心了。

这里的公主指的是宋理宗赵昀的独生爱女瑞国公主，宋理宗在位近四十年，生育有一子，但不幸夭折了，所以说作为独生女的公主，得到了理宗的万般宠爱。景定二年（1261）四月，宋理宗为感念杨太后拥立自己的恩情，千挑万选之下，选中了太后侄孙杨镇为驸马。理宗为公主准备了极其丰厚的嫁妆，并大力地提拔自己的女婿杨镇为右领军卫将军、驸马都统，就连杨镇的家人也都得以推恩加封，得到了优厚的恩宠。据说，为了能时时见到出嫁后的女儿，理宗就在皇宫的附近为公主建了一座豪华的府第。理宗时常乘坐布顶小轿从后门进出探望公主，对这个独女宠爱有加。

1253 年，宋理宗正式收养了自己的侄子赵禥为皇子，也就是后来的宋度宗。如此算来，宋理宗正式的家庭成员一共有四位，分别是皇帝、皇后与公主、皇子。画面中四只形态各异的燕子所代表的寓意不言而喻。

有人说："一个人的灵魂里若是充满了诗意，那么他的生活就不会缺乏意趣。即使他们的人生中不曾拥有过广袤无际的天地山川，但哪怕是庭院里的一盆花、一颗石子、一根在微风中摇曳的枝条，就足以体悟那生命的一丝诗意。"诚然，马麟就是这样的人，这位生于偏安一隅的南宋，未曾经历风雨踏遍山河的画家，即使在寻常的生活里也能发现美，创作出充满诗情画意的佳作。

## 《层叠冰绡图》
## 爱题画的“杨妹子”

轻轻，雪簌簌地自天空而下。红墙黄瓦下有宫女撑着天青色的油纸伞，翩然走过。入殿前她停下脚步理了理身上的宫装，将些许寒意驱留在外，这才悄然推门踏入室内。宫室厅堂中端坐着一女子，她身着金色丝绸石榴褶皱襦裙，上绣有梅花图案，裙摆轻泻，外罩一件浅蓝夹棉褙子，袖处绣有祥云纹，头上一支九尾凤簪显出端庄。她见宫女进门，便放下手里的诗集，向其招了招手。

宫女行礼回话，语带笑意：“大娘娘，奴婢今个打御

花园走过，那里的梅花开了！”原来这位端坐的女子就是宋宁宗的皇后杨氏。杨氏刚抬手免了宫女的礼数，旁边侍候的女官就将诗集收好，嗔怪道：“枉娘娘平日里那么疼你，你却不觉恩宠，梅花既然开了，又为何空手回来！”宫女连忙行礼作揖：“好姐姐，我原是想摘回来的，转眼一想，娘娘如此惜花之人又怎忍心让人攀折呢？”杨氏听了贴身侍女们你来我往的话语，只觉内心暖极了。看宫女连连求饶的可怜模样，方才扑哧一声笑了出来：“今日本宫正读到朱淑真所写的‘葵影便移长至日，梅花先趁小寒开’一句，你便喜鹊似的来报梅花开了。这梅花冲寒而来，果真经得起这诗中的好句子。”

女官趁兴提议道：“大娘娘既然喜欢，何不宣画师来将这美景描绘下来？”杨氏微微颔首，笑意绵绵：“这个提议不错，你们都来说说该宣哪个画师才好呢？”女官笑着应道：“那咱们就不怕娘娘笑话，说上一句啦！奴婢以为这画梅之人当选御前首领画师马远，马画师品性高洁与这梅花最为相称。”杨氏但笑不语，指了指小宫女：“你这小皮猴子也来说说。”宫女的眉眼弯了弯：“奴婢的看法与姐姐不一样，要说这画梅之人还是要选马远大师的儿子马麟。”杨氏惊奇地“哦”了一声，示意宫女接着说。“马麟画师虽年轻，但是他的画有种说不出来的美。”杨氏点了点头：“马麟的画作刚中有柔，风格更为秀润清灵，就宣他过来画梅吧。”

马麟，南宋画家，钱塘（今浙江杭州）人，生卒年不详。他画承家学，擅绘人物、山水、花鸟，比起其父马远的画风，马麟的作品更显秀润。宋宁宗嘉泰年间（1201—1204），马麟授画院祇候，深受宁宗赵扩、恭圣皇后杨妹子的赞赏。

《层叠冰绡图》现收藏在北京故宫博物院，轴中画有两枝白中隐青、晶莹淡雅的绿萼梅，一枝昂首俏立，一枝低眉带笑。画者先用细笔勾勒出片片花萼和玲珑的花瓣，再将萼片与花瓣的底部点染成淡绿色，随后用细密的白粉晕出层层重叠的花瓣。花萼翠绿雅致，花瓣洁白润透，清癯的花枝，犹如青铜铸成，白梅清香冷艳的气质被表现得淋漓尽致。

作为高尚品格的化身，梅花颇受宋代文人的喜爱。在苏轼笔下，梅花冰姿玉骨自有仙风；在陆游的笔下，梅花虽经雪虐风饕，却凛然而气节高坚。北宋后期到南宋孝宗年间，政治上的动荡、社会上的不安，都直接或间接地影响了文人水墨画的萌发与发展进程，文人们用诗词画卷描绘花卉竹木，抒发情感，这也促使宋代掀起了“梅花热”的浪潮。至此，梅花成了宋代画家笔下的重要题材，“墨梅”更是在宋代发展成为一个绘画流派。

于此同时，梅花可以说是渗透到了宋人生活的方方面面，文人雅士们赏梅雅集时爱用梅花造型的酒器，上流阶层家中器皿的装饰图案也常见梅花的身影，宋人还将梅花当作服饰的图案，将它穿到了身上。

《层叠冰绡图》上的题字也大有来头，画幅左侧“层叠冰绡”四字是宋宁宗皇后杨氏所题，以“层叠冰绡”之语来赏梅观画，更衬得画幅右侧疏落在横枝上的梅花寒洁生香、淡雅冰清。杨氏还在画幅上方题了一首七言诗：“浑如冷蝶宿花房，拥抱檀心忆旧香。开到寒梢尤可爱，此般必是汉宫妆。”诗句中将梅花比作汉时美人，饱含赞羡之情。

杨氏，原名杨珪，又名杨娃，号杨妹子。杨氏出身微贱，幼年时曾在戏班学艺，后以姿容被选入宫中。庆元元年（1195），封为平乐夫人；三年（1197）四月，封婕妤；此后数年逐步晋封为贵妃。恭淑韩皇后去世后，精通诗文、书法、绘画的杨氏被册立为皇后。据说杨氏的景物画学马远技法，花卉则效仿马麟画技，不过总体来说她的画风与书迹都形似宋宁宗。能书善画的她偶尔还在书画上调皮地自署名为“杨妹子”。宋理宗上位后，她又被尊为太后。此后，工于权术的她把持朝政数年。看来这个有趣的“妹子”还是个女强人。

雪缓缓地停了，天空被洗得一尘不染，屋檐上

那粒粒白霜，皎洁晶莹，对着太阳闪着银光。杨妹子披上貂裘，捧上手炉，终是想亲自一睹绿萼白梅的风姿。未到花园，就有暗香幽然飘来，再一抬眼，眼前出现了一位年轻画师的身影，只见那人竟是不顾严寒，执笔在梅树下细微观察着枝叶花瓣。“禀大娘娘，那是御前画师马麟，是否要将他先逐开？”宫人恭谨地向杨妹子回报。杨妹子抬手：“咱们回吧，且等着马麟的画给本宫带来个惊喜吧！”此时的马麟忽地打了个喷嚏，心里想着：“父亲的画但凡呈到御前，总有官家或大娘娘的题署，这次我也该加油争取这份认可与荣耀啦！”

# 陈居中
# “间谍”画家

## 《文姬归汉图》 历史图卷下的弦外之音

黄沙漫漫卷过天幕，风穿过土坡划过肌肤，只觉得内心萧瑟，一派荒凉。十二年了，四千多个日夜，每一分每一秒，蔡文姬的心中都有个声音在呼喊："我要回家，我要回家！"可是当梦想实现，她心中的喜悦竟掺杂了不舍。一行车马送了数十里路，眼看着就要到达汉界，蔡文姬思索再三下了马车："使节大人，奴家想与孩子……"话还未尽，使节便捋了捋胡子说了句："此番回都城，车马劳顿，夫人就在此小憩下，恰好本官也想再看看这大漠风光。"蔡文姬眼中垂泪，向使臣郑重地行了一礼。

随行侍从铺上了氈毯，匈奴左贤王与蔡文姬相对而坐，四目相对间竟是不知说些什么。蔡文姬面色凝重，先拿过酒杯一饮而尽："此番我去，以后还要劳烦大王看顾好两个孩子。"左贤王侧过身子从侍从双手举着的托盘里接过酒杯，双眸依然回视着蔡文姬。他眼中闪过不舍，最终还是轻轻地叹了一口气："你我夫妻一场，你又何必如此生分，他们也是我的孩子啊！"

这时一个孩童挣开仆妇的手，抱住蔡文姬的腰际放声大哭："母亲，母亲！"蔡文姬抱着孩子，眼睛里早就蓄满了泪水。她轻轻地擦了擦孩子的眼泪："母亲走后，你要听父王和哥哥的话。"说完文姬抬眼看了看站在乳母身前，似乎一夜之间长大了的长子，心痛得无法自抑，只得默默说了一句："母亲对不住你们！"长子面色冷峻，但早已红了眼眶："母亲，你能不能不走？"被"返乡的喜悦"和"亲生骨肉的诀别"两种情绪交织纠缠的蔡文姬，霎时间悲从中来，不知该说什么才好。长子看着怔立在一旁的母亲，用袖子慌乱地擦了眼泪，说："弟弟，咱们回吧！"

与文姬相向而坐的汉使看到此情景，只觉内心酸涩，不禁微叹："这蔡文姬也是个苦命的人啊！"左贤王攥紧了双手，将手中的酒喝完。倏地起身抱上幼子，带着队伍回去了。蔡文姬呆坐许久，又抬头望了一眼这漫天的黄沙，登车踏上返回中原的征程。

"汉末天下大乱，连年烽火，四处交兵。这大学者蔡邕被司徒王允扣押在狱中，最后被处死，可怜他那女儿蔡文姬丈夫早亡，又没了父亲。失去庇佑的文姬在兵荒马乱中被羌胡兵所掳，后流落至南匈奴左贤王部，与左贤王结成夫妻，还生了两个孩子。在塞外度过了十二个春秋的她，无时无刻不在思念故土。曹操在统一了北方以后，出于对故人蔡邕的怜惜与怀念，就派遣使者携带了厚礼将蔡文姬从匈奴赎了回来。而文姬归汉后，尽心整理了亡父蔡邕所遗留下的四百余篇书籍，传于后世。"

"你少跟我科普历史知识，文姬归汉的故事谁不知道啊？你这画没什么新意啊！"

陈居中端着茶盏，抿了口清茶，这才和同为画师的好友继续说起话来："我这画，虽然故事不够新颖，但贵在深意和民意啊！"好友瞪大了眼，忽地从座位上蹿了起来，似是明白了什么，凑到陈居中耳朵旁低语："你是说前些年……"陈居中悠哉地摇了摇头："不妄议朝政，不妄议朝政。"

文姬归汉的题材历来为画家们所钟爱，但因为他们所处的时代不同，性情不同，于是历代画家们呈现出来的《文姬归汉图》，也各有不同的面貌与风采，各有其不同凡响之处。

南宋画家陈居中的《文姬归汉图》是一幅绢本设色图，纵 147.4 厘米，横 107.7 厘米，现收藏于中国台北故宫博物院。盘曲交错的枯木枝干、空旷凄清的荒丘、黯淡辽阔的天空都真实地体现了广袤凄寒的地域特色。那画中人浓浓离别之情更是冲出画面，直击人心。画者对环境的细腻把控也从侧面反映出他创作时的精心以及深厚的生活积累。

画者对人物的刻画也入木三分，端庄文雅的才女蔡文姬、神色凝重又面露不舍的左贤王、不知所措只得紧紧抱住母亲的幼子、举止雍容自带风范的使臣，都极具个性，就连周边随从的神态也各有不同。

实际上“文姬归汉”这一绘画题材在南宋初期十分流行，而且带有很强的时代感。1127年，“靖康之难”发生，北宋徽宗、钦宗和一干皇室贵族均遭金人挟持，几乎被“一网打尽”。后徽宗、钦宗先后死于金国五国城（今黑龙江哈尔滨依兰县城北）。《宋史》中记载：靖康元年（1126）春正月，金兵围困汴梁，要求北宋派遣亲王和重臣出面议和。康王赵构“慷慨请行”，前往金营却被金国元帅扣留在军中，后释放。当年冬天，金军再次举兵南侵，赵构在去往金营请和的路途中被大臣宗泽劝阻留下，因此幸免于难，未被金兵俘虏。后赵构建立了南宋政权，与金国形成南北对峙局面。

当饱受战争摧残、历经动荡离别的南宋臣民终于回归安稳平静的生活，对过往的怀念便愈加强烈。于是，他们热切祈盼皇帝归来，要求金国送还“人质”。正是在这一社会背景下，南宋朝廷遣使北向，迎接回了宋高宗赵构的生母韦太后。

被金人俘虏的北宋皇室们与文姬当年的际遇何其相似，陈居中做“文姬归汉图”，正深藏着“托古喻今”的深意。再细观画中人物，竟有一丝穿越感，匈奴左贤王头上的幅巾、文姬的外衣竟有金朝衣制的影子，而迎文姬回朝的汉朝兵卫却穿戴着大宋的衣冠。此外，画中马匹均犁鼻裂耳，也与宋代番马特征相符。

这些画中的弦外之音，不仅传达出了画者的感情，更是一个时代的缩影。

## 《四羊图》 差点被宋人吃灭绝的“羊”

黄叶飘零，秋意染遍寒林，陈居中踏过古朴幽深的石径，来到了安宁静谧的小村庄。此时他不由得停下了脚步。

只见，村口的大石头上，有一牧羊人正歪坐着闭眼小憩，皴裂的老树上只剩下零星的枯叶，树下有四只山羊。若只是寻常的放羊情景又怎么会让陈居中驻足呢？妙就妙在，这几只羊不是在悠闲地吃草，而是聚在一起打闹嬉戏。这不，小土坡下，一只雪白的山羊熟练地低下头弯下身子，用自己那坚硬的角去抵另一只白羊。原本在享用干草的羊被抵，只觉身上一痛，吃惊一跳，咩地大叫出来，回头看见罪魁祸首的白羊，顿时气得火冒三丈，抬起蹄子就向白羊冲去，白羊一看情况不好，瞬间跃起想要逃脱。

树上的鸟儿仿佛也来凑热闹，叽叽喳喳地叫着。而与“两羊之战”形成强烈对比的是在它们身旁的灰羊，此羊呈灰黑色，它安闲自在地看着小羊们追闹，眼中充满了慈爱。再看那立于山坡上的头羊，它正沉静地注视着那三只羊，眼前的喧闹仿佛都与它无关。

“哎哟，真有趣啊！”陈居中看到这样好玩的景象不禁称赞出声。牧羊人懒懒地张了张眼，扫视了一下眼前的人，又合上眼接着养神：“这好戏才刚开始呢。”陈居中心里纳闷，刚想问牧羊人为何这样说，只见那两只羊刚离开视线范围，那山坡上的老羊就仰起脖子大声一叫，两只追逐的小羊听到叫声，似有灵性般地停了下来，随后又跑回了土坡。那坡下的灰黑羊眼中的恼意还未达到极盛点，就被两只小羊蹭来蹭去的温柔攻势打败了。陈居中思虑一番开口请教：“这位兄台，这四只羊可是……”

“是矣。”说完，牧羊人拍拍身上的灰土，拿着羊鞭就去往土坡赶羊回家了。陈居中挠了挠头嘟囔一句：“你怎么知道我想说的话呢……而且这就走了，我还没把它们画下来呢。唉，单凭记忆吧。”

陈居中，南宋时期著名画家，宁宗嘉泰年间任画院待诏，擅长画人物肖像、蕃马、走兽等。画作题材以纪实为主，多反映贵族出游狩猎和少数民族的游牧风情，一些作品中隐约表现出社会动荡、民族矛盾给人民带来的无尽痛楚。

擅长画人马的陈居中，对动物写生这类题材也很热衷，在以动物为主的一系列画作上，可以看出他在绘图置景上力求简单明快，注重刻画细节的匠心。富有吉祥寓意的《四羊图》就代表了他在动物画这一领域高超的艺术水平。

《四羊图》纵 22.5 厘米，横 24 厘米，现收藏在北京故宫博物院。画家选取的景象十分日常，但却将这四只羊的形态描绘得极为生动。一只小羊屈腿弯身向前顶撞，另一只惊慌失措地跳起，一旁的老羊眼含无奈与慈爱，土坡之上的头羊看似沉静，但紧缩的前蹄、双耳上竖，暴露了它激荡的内心。这四只羊的外形、神情、姿态都各不相同，唯一相同的就是它们都被刻画得一丝不苟，真实又有趣。

刻画入微的四羊下面，是只用墨笔简单勾出轮廓并略加擦染的土坡，土坡上是稀疏的黄草与荆棘。土坡上的老树，旁侧生出新生的枝丫，树干上站着两只小山雀，正俯首观看两羊争斗。纵观全图，无论景与物都无时无刻不在展现着一个“动”字，将活泼的生活气息挥洒开来。

这四只羊仿佛组建成了一个家庭，孩子们打闹嬉戏，母亲正在旁边慈爱地看顾自己的孩子，父亲高高在上，将一切收入眼底，淡然地保持着一家之主的威严。画家将动物之间的情感描绘得淋漓尽致。

在中国古代文字中，“羊”与“阳”“祥”二字通用，古文中常出现的“吉羊”一词，其实就是“吉祥”的意思。《易经》中又提到：每年正月来临，卦象为三阳在下，三阴在上。所以古人又将每一年的正月这一时间段称为“三阳开泰”之时，这个成语也就成了常用的祝福语和吉祥语。这幅画中的四羊从位置上来看，正好符合三阳在下，一阳在上的寓意。而这幅画也成为古代人民祈盼吉祥如意的代表作品。

有人喜爱羊，将它画在纸上，有人深爱之，则将它食于腹中。这句话说的就是对吃羊肉达到狂热地步的宋朝人民。宋朝时，人们认为羊性格温顺，象征友善祥和，所以在招待贵客时，往往用羊肉做成美味佳肴，以表示对来客的欢迎和尊重。

当然，宋朝的文士和贵族喜欢吃羊肉也有其他的原因。北宋文豪苏轼曾在《猪肉颂》中写道：“黄州好猪肉，价贱如泥土。贵者不肯吃，贫者不解煮。”从这几句词中可以看出，猪肉在宋朝时价格十分便宜，是当时平民阶级的首选肉食。而牛是重要的农业生产工具，马要用于行军打仗，更何况宋朝本就严重缺乏牲畜，于是这两种动物不能吃。朝廷为了保护牛马，还特地设了严令。北宋初年的《宋刑统》中规定：“诸故杀官私马、牛者，徒一年半”，“主自杀马、牛者，徒一年”。到了南宋，处罚更重，“诸故杀官私马、牛者，徒三年”，即便是致其伤残，只要无法进行农耕，一律按杀死牲畜罪视之。

于是乎，羊就带着沉重的使命成了宋人饭桌上的首选。孟元老的《东京梦华录》一书中就记载乳炊羊、羊角腰子、罨生软羊面、入炉羊头签、羊闹厅等四十余种与羊肉有关的美食。到了南宋，食羊文化在南方得到了广泛传播，杭州城里的羊肉馆林立，且各有特色。这足以证明宋人对羊肉的喜爱。

据史料记载，宋太宗时期，皇宫每日要吃掉数十只羊。到了真宗时期，宫里每日宰杀的羊达到了三百多只。宋朝因为地理位置的原因，游牧地区稀少，适合养羊的地方并不多，如果不对食羊的数量加以控制，恐怕羊很快便会绝迹。于是在宋仁宗时期，皇帝不得不对羊肉的食用量加以控制。

陈居中看着院中悠闲吃草的小羊，断然拒绝了好友“吃羊”的邀约，金贵的小羊们可是他的“模特”，他又怎么忍心去吃它们呢！

## 《柳塘牧马图》 暗藏玄机的“谍画”

自打宋金两国议和以后，这场燃烧了十余年之久的战火暂时熄灭了。在相对稳定和平的大环境下，两国竟然还有模有样地开展起了外交活动。但俗话说“弱国无外交”，因此南宋使臣在使金过程中，常被金人随意耻笑羞辱不说，还出现长期扣留，甚至无端杀戮的现象。由此可见，南宋的外交官真心是个高危职业。然而，在赴金如同赴死的险境下，默默无闻的宫廷画家陈居中却毅然地挺身而出，为捍卫国家尊严而甘于奉献自我。

出使金国的使臣队伍，一路上由南向北。当众人都在感叹沿途的壮美风景时，陈居中却依然在忙着作画，他要将这些不熟悉的山水和风情逐一画出并埋藏心里，不然又怎么对得起这趟生死未卜的出行呢？

到了金国后，大宋使臣们的精神顿时紧绷了起来，他们必须低下高贵的头颅，小心翼翼地应对来自金朝的明枪暗箭。就连沉迷于画卷不可自拔的“痴画家”陈居中，都在这紧张的局势中嗅到了一丝危险。这不，金朝国君竟又无故大发雷霆，随意找了个借口将使臣队伍拘禁了起来。

被羁押的几个月里，使臣们的命运产生了巨大的转变，有人被驱逐回国，有人下了监狱受刑，有人战战兢兢竟吓出了病。陈居中是不幸中的万幸，他竟然凭借高超的绘画技艺，得到了一位金朝官员赵元的赏识，在使臣里本就毫不起眼又身份低微的他，就这样被放了出来。

金泰和丁卯年（1207）的春天，陈居中跟随着“监视者”赵元，陪同他去往陕右（陕西的别称）就任，途经蒲州（今山西省永济市）时，他为赵元绘制了《唐崔丽人图》。陈居中与赵元都善书

画，又兼具文才，就连身世经历都极为相似，趣味相投的两人一路上竟结成了挚友。

但每当夜深人静的时候，陈居中总会坚定地告诉自己，不要忘记自己出使的使命。原来使团里的画师们在履行传播文化的职责之外，还有一个隐藏的任务，那就是用画笔记录下金国的山川地形和军事活动并想办法传递给朝廷。

一日，陈居中在路过一处柳塘时，看到一群人马在池边戏水。

细看之下，陈居中竟被吓得汗毛直立、面如土色，这哪里是普通的金朝人在浴马玩乐，分明是训练有素的军队在苦练水战。陈居中装作一脸淡然找了个赏景的理由，支开了其他人，抄起一把扇子就趴在柳塘远处的山坡上，急促地将眼前的场景画了下来。

南宋绍定壬辰年（1232），在外漂泊了二十多年后，陈居中终于回到了故土。为彰显皇恩，他这位籍籍无名的宫廷画师在奉使出疆回来后，被暗中嘉奖授予了进士的头衔。屋舍里都是来恭贺他高中的亲朋，陈居中喜悦之中又有些尴尬，他一个画师，还在这么大的年纪中了武科进士，这说出去还真有些羞脸呢！

《柳塘牧马图》是一幅绢本淡设色画，纵 22.5 厘米，横 24.1 厘米，现藏于北京故宫博物院，传为南宋画家陈居中所作。该图上有清朝初期鉴藏家耿昭忠的题签“陈居中柳塘牧马图”。这幅看似普通的山水人马画，其实却暗藏深意。它绝不是画者在闲情逸致之下画的一张牧人在柳塘牧马的普通扇面，仔细观察就能发现里面的重重玄机。

这把小小的执扇上，画着二十余人，五十多匹马，灵动的人马姿态跃然纸上，由此可见画者深厚的绘画功力。图中柳塘翠水，却无人赏景，只见圉夫驱赶着两群马匹分别从两岸逐一下水，然后沿着各自的队形游向彼岸，这样的有阵形、有规则的入水，显然是在进行有目的的针对性训练。图中人物的穿着与形象，富有浓厚的北方民族特色，白毡笠子、剃剪了的头顶与两鬓、将发丝编成双辫垂于耳后的人物装扮，是典型的女真族人形象。按照金朝实行的“猛安谋克”军事编制单位，这些人平时是养马驯马的圉夫，一有战事他们就成了冲锋陷阵的兵卒。再看盘坐在河岸上方，华盖遮阳，侍从围立的白袍男子，这显然是一位金朝官员，他坐在高处掌控全局，并督导下属进行军事演练。

画中女真人苦练水战，折射出了当时的历史因素。南宋绍兴三十一年（1161），金朝皇帝完颜亮率领 60 万大军分兵四路大举攻宋。其中水路发兵 7 万，有战船 600 余艘。宋高宗调遣了几万军队抗击金军，同时任用了岳飞将军的旧部李宝率领舟师，抵抗来势汹涌的金国水师。李宝带领 3000 水军、战船 120 艘沿东海北上，与魏胜军队配合，水陆夹击，先后在海州附近的新桥、关子门、砂堰接连击败金军。李宝趁胜追击，十月，南宋水军借助南风，用迅猛的火攻将停泊在陈家岛附近的金军船队一举歼灭。这场战役，宋军在装备与人数上处于明显劣势，却取得了最终的胜利，不习惯水上作战的 7 万金军一败涂地，全军覆没。

此后，金军痛定思痛，不断地进行水上演练，决意将不擅水战的弊病彻底消除。而带有刺探军情任务的“间谍画家”陈居中，用手中的画笔将金军为攻南宋进行水战准备的实况，详细地记录了下来。当然，间谍画家并不是南宋的特例，金朝也有谍报人员混入南宋。其实，宋金之间互派使臣，其中夹杂着带有刺探军情任务的画家，对两国来说早就是心照不宣的秘密了。

看来，风雅的绘画艺术不但能描摹美好的风景，还能作为提供军事情报的工具而为战争服务。

## 《苏李别意图》 凛然不屈的南宋外交官

“十九年了，十九年了啊！”双鬓早已斑白的苏武刚叹了一句，两行浊泪就顺着早已昏花的眼睛流了出来。自出使匈奴被扣，再到他被流放到人迹罕至的北海边牧羊，这些年发生的事情不断在他脑海浮现。

肩负重任，穿着使臣朝服，执着使节旌帜，从长安出发的那个意气风发的青年是他；面对匈奴的恐吓岿然不动，毫无惧色的大汉使节是他；面对敌人的花言巧语正气凛然的英雄是他；被关在地窖里，没有食物，即使吃积雪和毡毛也宁死不降的那个囚徒是他；被扔到北海，拿着旌节赶着小羊，靠野果、野鼠果腹的孤独人是他；日复一日，年复一年，在每个夜晚抚摸着旌节思念故土的流浪人也是他。有时他也会突然冒出一个想法，他这样做到底有没有意义？朝廷是不是早已把他忘了？但这种念头刚一生出就被那强烈的爱国心抨击到九霄云外了。

他知道终有一天，他的国家会派人来接他，而这一天终于到了。

见到从前的部下和汉朝使者，痛哭了一场的苏武终于回过神来，他那饱经风霜的脸上露出欢喜，是呀，能回国了，这是该高兴啊！如果说对这片拘禁了他十余年的土地还有留恋，那么就是与他相依为命的羊儿们了，它们咩咩叫着，好像在为苏武送行。漫天尘土扬起，竟是被逼无奈投降了匈奴，本想徐徐图之反攻，却被皇上听信谣传灭其家族而寒了心的故人李陵远道而来。

苏武想起刚被扣留时，匈奴单于就派了李陵来劝降他。那时的李陵对着他只是说起故土的往事，没提一个“降”字。李陵明明是笑着与他说话，苏

武却看到了他眼中无法消解的苦闷。从英勇的将军沦落到被万夫所指的卖国贼，李陵的心中纵有万般无奈却不知如何说起，苏武同情他。后来二人再见面时，李陵全家被武帝斩首，愤怒之下只觉得绝望，于是真的投降了匈奴。他义愤填膺地来劝降苏武，却被苏武断然拒绝。后来李陵觉得无颜面对苏武，两人就断了往来，只是苏武知道，这些年他还活着，自己的很多生活物资都是这位故人在默默帮扶他。

李陵下了马跑向苏武，激动地执起苏武的手，两人相对片刻，眼中都蓄满了泪水。苏武看到老友眼中为他高兴的喜悦、离别的不舍，还有隐藏的羡慕。苏武心中微微叹了口气，李陵这才将情绪收敛："好兄弟，我置办了薄酒为你送行。"苏武点了点头，声音有了哽咽："今我归去，此地徒留你一人，你要万分看顾好自己。"两人痛饮之后，挥泪告别。良久，汉朝使臣的队伍已看不清身影，李陵抱起一只苏武养的小羊，仰天只默念了一声："我早已无家可归！"苏武的心中则憧憬万分，他仍想用自己这病弱衰败之躯为国效力。

《苏李别意图》纵 25.2 厘米，横 121.4 厘米，是南宋宫廷画师陈居中所作的绢本设色画，现收藏于台北故宫博物院。陈居中曾出使金国，被扣留在北方数年。陈居中的这幅《苏李别意图》是借历史题材来纾解他浓厚的乡愁，图中饱含了他渴望回家的迫切心情。

荒凉的土坡上野草飘零，针状的灌木稀疏地分布在贫瘠的土地上，画者寥寥数笔就将苏武居住环境的艰苦刻画了出来。一气呵成的笔触和细致的线条，也能看出画者常年居于北方，对环境的熟悉。画幅中间，羊儿三五成群分散在土坡各处吃草，马匹神态各异，有的悠闲吃草，有的向远方张望。从马鞍的装饰用具来看，马儿的主人地位不同。画幅左侧，一匈奴装扮的男子骑在马上，颈部上扬，脸上有一丝不屑的神情。相比之下，画幅中间两人虽也是胡人装扮，神情却更为柔和，有可能是当时与苏武出使匈奴，被扣押后艰难生存下来的其他汉朝使者，长期的北地生活让他们的着装发生了改变。

画幅右侧是这幅《苏李别意图》的主人公：苏武和李陵。两人牵着双手，面色喜悦，又内含不舍，虽已过近千年，但这份情绪却依然强烈地透过画面传递了出来。可见画者当时思归的情绪在作画时已达到了极点。画中已然投降了的李陵身穿华服，与破衣烂衫、蓬头垢面的苏武形成了强烈的对比。虽然身着破烂的衣服，但苏武的眼中却闪着光芒和希望。再细看投降匈奴的李陵，他的发冠还是大汉的装束，这也折射出那些被囚禁在金国，但不忘南宋故土的使臣们的初心。而陈居中被扣金国的境遇也是历史上南宋外交使臣们的一个缩影。

南宋建立后，宋高宗决定派出使者向金国求和。建炎三年（1129）五月，高宗任命洪皓、龚璹等一行十三人启程赴金进行和谈，这是南宋历史上的第一次正式外交。洪皓一行人历经坎坷，终于在当年底抵达金军占领的太原。

此时的宋金关系临近冰点。洪皓等人到达太原后，依然在不断南攻的金朝，立即将他们扣留了下来。虽然金人没有打杀他们，但不谈、不理、不闻不问的态度和羁押看管的行为，完全是将南宋使臣以囚徒相待。一年后，洪皓被转至金国云中郡（今山西大同）继续扣押。后完颜宗翰逼迫使团里的主使洪皓和副使龚璹投降金国。龚璹屈从了，洪皓则坚决不从。完颜宗翰恼羞成怒，将洪皓流放到了冬天最冷时竟然达到零下五十多摄氏度的冷山（今黑龙江五常东南）。这次出使的十三人，经过数年的流放生涯，最终只有三人回到了南宋。

南宋绍兴三十二年（1162）六月，宋孝宗赵昚即位。这位被誉为“南宋最强皇帝”的赵昚一上位就紧锣密鼓地实施了一系列的大动作，他要北伐，收复大宋失地。北伐伊始虽有胜利，但随着宿州的沦陷，北伐也以失败告终。南宋与金国进行了“隆兴和议”。对于南宋来说，隆兴和议是一个不平等的和议，内感屈辱的赵昚决定遣使，向金朝索求北宋诸帝陵寝之地，并更定受书礼仪。乾道六年（1170）五月，赵昚任命范成大出使金朝。《宋史》中记载：“成大致书北庭，几于见杀，卒不辱命。俱有古大臣风烈，孔子所谓‘岁寒然后知松柏之后凋’者欤？”虽然未能完成使命，但范成大在敌国朝堂表现出来的凛然不屈，让人肃然起敬。

陈居中早就听闻了范成大的事迹，此时，他的内心百感交集，铺上绢本又开始作起了画来。他的力量虽然微薄，但也想效仿范成大这位前贤，用画笔表现自己对祖国的满腔赤诚。于是便有了这幅思归之情满溢的《苏李别意图》。

## 《胡骑春猎图》 宋代的胡服风潮

当云霞的余晖倾覆在远方的黄沙里，大漠的夜晚又再次悄悄地来临，漆黑的旷野里是如此的寂静。微弱的灯火下，陈居中还在缝补自己的衣服，出使时带来的换洗衣物早已破损得不成样子。尽管陈居中在努力地缝补，但破洞太大，洗穿的次数太多，衣料已经支离破碎无法补缀了，陈居中只得放弃。他还有一件衣服，那是他代表大宋出使的时候，官家亲自赐给使团人员的官服。但他不能穿着大宋官服在胡人的地域里招摇，同时他也害怕，害怕无法维护这身衣服最后的尊严。他将这件代表他身份的官服叠好，再用布将它包好，放到了行囊的最深处，含泪换上了胡服。陈居中心想，终有一天，他要穿着这身代表大宋国威的使臣官服回到自己的家乡。

一夜之间，春风来了。它穿过重重山梁，给茫茫的大漠带来了温暖的气息。当稀疏的草木染上了一层新绿，陈居中又一次想念起了家乡：不知道这风是不是从江南吹过来的，想必此时的家乡早已草长莺飞，烟柳拂堤。

虽有国仇，但久居北地的陈居中也不得不承认，看清晨的乳鸠争巢，赏黄昏的平沙落雁，也很有意思。不过最让他羡慕的是那草原上成群的牛马，在大宋颇为金贵的马，在胡人的地盘里成了最寻常的存在。就连他这个被扣押的外族人，也拥有了属于自己的马，习惯了骑马出行。

塞外的风沙改变了他的肤色、他的装扮，却依然改变不了为国报效的心。此时的陈居中不但穿着胡服，而且也像胡人一样蓄满了胡须。监视他的人看他已经被同化成了“胡人”，也是慢慢放松了警惕。于是，陈居中便有了更多的机会走遍大漠，将他能接触的金朝地形人情、军事守备全都悄悄画出，以便传递回国土。

一日他骑马奔腾在大漠上，忽地听到猎鹰的尖鸣声。抬眼看去，蓝天上竟有两只猎鹰在追赶，马蹄声惊起，一个膀大身强的胡人策马扬鞭而来，脸上满是兴奋。陈居中下马站在远处的高坡上观察起胡人的动向。只见，刚才迅猛离去的胡人身后不远处还有一群胡人，看穿着他们应该就是经常以“猎师”身份陪侍主人狩猎的扈从，这些胡人受过调教烈兽猛禽的训练，是专业的驯技师。他们凭驯化鹰犬的特长依附达官贵人，成为随从参与狩猎活动。

陈居中笑了一声：今日倒是好运气，看来能画成一幅《胡骑春猎图》。

《胡骑春猎图》是宋代陈居中所作的绢本设色画，现收藏在美国大都会艺术博物馆。从陈居中现存的作品看，他的绘画题材多以北方少数民族风情和历史故事为题材，这与其他南宋宫廷画家迥然不同。但在绘画技巧和构图上，这幅图仍具有南宋宫廷画派的典型特征。技巧上他以精细的手法画人物马匹，用写意笔法画出山石作为衬托背景，形成鲜明的粗细对比。构图上他将画面主体集中在下方，形成上虚下实的空灵境界。

《胡骑春猎图》画的是戈壁大漠上粗犷刚烈的胡人出猎的情景。画面下方是骑在马上的观猎人群，他们连骑缓辔，停马伫立。从他们的装束以及未携带弓、弩、刀等狩猎工具来看，他们有可能都是些随从主人狩猎的扈从，属于主人侍陪类的奴仆。他们有的负责探查猎物，有的是训鹰师，各司其职。画面上方有一人纵马疾驰，他浓眉高鼻，络腮浓髯，右手向后甩着策马奔驰，左手向前伸展控制缰绳，目光炯炯，侧头远眺。他身下的马，额顶上的鬃毛整齐美观，表明这是贵族家才有资格配备的马匹，也说明了狩猎者的地位。画中所有人的目光，都集中在左上角的两只飞禽上。它们似乎是在寻找猎物，或做着狩猎前的准备。从不到十个狩猎随从来看，这并不是一场盛大的围猎场面，只是胡人日常的一次狩猎活动而已。

狩猎在远古时代被视为谋生的重要手段，伴随着生产力水平的提高，农耕文明下的封建社会，狩猎这一活动逐渐发展成为贵族阶级的娱乐活动。中原地区深受少数民族彪悍民风的影响，狩猎活动也颇受统治者喜爱。其实不单是狩猎在中原形成风潮，就是胡服也一度受到大家的追捧。隋唐时期，胡风盛行，永远走在潮流前线的爱美人士，掀起了中原盛行胡服的高潮。中国古代服饰由固定的上衣下裳、宽袍大领装束，进入带有胡服特色的靴袍时代。

经过唐代民族融合的大发展，宋代胡服发展达到了一个新的高度。隋唐时，胡服的影响停留在常服层次，未触及国家的礼服范畴。宋代除冕服、朝服制度规定遵循旧制外，公服却是来源于北朝胡服。《枫窗小牍》中记载，北宋徽宗赵佶崇宁年间（1102—1106），汴京妇女多“大鬓方额”造型，政和、宣和之际（1111—1125）又崇尚“急扎垂肩”，皆自北传南。就是宋朝市面上流行的“莹面丸”“遍体香”等，也都是从北方胡人处传来的。

两宋时期关于胡服的禁令，也说明了宋代官方认定的胡服范畴，“京城内近日有衣装杂以四夷形制之人，以戴毡笠子、着战袍、系番束带之类，开封府宜严行禁止”，“敢为契丹服，若毡笠、钩墩之类者，以违御笔论”。由法令可知，两宋时期所指的胡服具体特征为：戴毡笠子、着战袍、系番束带等。不过从时代背景来看，北宋胡服多针对契丹而言，南宋则多指女真。但女真与契丹同为东北民族，女真被契丹奴役多年，两族的服饰也多有融合，极为相近。

政治上的对立、民族矛盾的尖锐，也无法影响人们对美的追求，两朝在包括服饰在内的民族物质文化交流上并没有中断，反而加强了融合。只不过当你漂泊在异国他乡，逐渐被同化时，仅留下的家乡寻常衣物，反而成了一种思念的寄托和爱国的象征。陈居中的想法便是如此吧！

# 范宽
# 画山画骨更画魂

## 《雪景寒林图》 非著名隐士的隐居生活

乳白色的雾，像纱幔一样轻轻飘散，东方显出了朦胧的光亮。一下雪，山中的时间仿佛静止了，往日的喧嚣消逝不见。直到此时，

范宽才真正领悟到了人们说的那句“山中岁月静，浮日太古长”的真正含义。

他自小学习画画，一日有多半时间都沉浸在作画里。多年过去，他将古人的绘画技艺学到了极致。范宽看着自己所画的山水巨制：寒林平远旷阔，烟云清旷缥缈，淡墨勾出如梦如雾的景象，多么萧疏的气象，多么精微的墨法。这壮美的画卷任谁看了都不得不称一个“好”字。但范宽这一向豁达爽朗的人却盯着画儿久久不能回神，忽而竟蹲在地上，悲痛得不能自已：这画里的每一根线条都充满了前辈们的影子，每一处景都充斥着古人们的风格，他怎么就让自己迷失了呢？

那日他爬上高山，找了一处静谧之地，就着三杯两盏淡酒，呆坐着看夕阳西下，云卷云舒，听潺潺溪水、阵阵松涛。草莽荒芜的大山里，只剩下大片的寂静和范宽孤寂的身影。当红日穿过云雾，朗然跃过山头，范宽只觉得心中的大石忽地一松，竟是放下了。“师古人不如师造化，师造化不如师心源。”大自然这个包容万物的本源才是他最好的老师啊！那么便归隐山川，融入大自然吧！

隐居山林后的范宽，日子过得简单而充实，他没有着急画画，而是每日畅游于山水，留心观察风雨晴晦，云雾升卷，以及山中景物的变化。雪后的崇山峻岭静美到了极致，范宽在雪山里走了一遭又一遭。回家后，他闭上眼睛，脑海中闪放着今日的所见、所感、所闻。良久，他提起画笔，在纸张上落下了第一道墨痕。在范宽的安排下，线条、笔墨如行云流水般，在纸上游曳、铺洒……

姿态不一的云雾从天际间倾泻而出，巍峨起伏的雪山层峦叠嶂，似乎没有边际，一座山峰陡峭俊丽，矗立其中；谷壑中有数层薄薄的雾气飘荡回旋，将山腰处的寺庙衬得越发萧然静穆，寺庙的钟声仿佛在山间鸣响回荡；溪水随着山势百转千回，最终汇成了一片广阔的水域，溪流上小桥连接两岸，错落有致的屋舍掩映在密林中，有一人倚门而立，似乎在感叹着雪后妙景。放下了束缚，没有了任何目的，不在乎别人的看法，也不在意画出来的是不是卓越之作。范宽用笔与山倾诉烦闷，用线条与烟云畅聊心声。他大笔挥洒，描绘所见的快意，抒发对山河的热爱。这一刻山水就在他心中，就在他笔下。

范宽，名中正，字中立，陕西华原（今陕西铜川耀州区）人，北宋著名的“北派”山水画大师。因其个性宽厚，好友常戏称他为“宽”，率直的他不但没有动怒，反而欣然地接受了“范宽”这个新名字，并以此为乐趣。他初学荆浩、李成，后来觉得临摹他人不如创造自己的风格，于是经常外出写生，最后干脆搬家到“终南、太华岩隈林麓之间”，拜自然造化为师了。据说他常坐在山中观摩写生，一坐就是一整天，下雨下雪也不回来，反而兴致勃勃地琢磨起雨景，研究起雪图，生活得不亦快哉。终日观察思考自然造化的范宽慢慢舍弃了旧习，逐渐形成了自己独特的画风，最终成为一代大师。

《雪景寒林图》原属圆明园收藏，现藏于天津博物馆。此图描绘了北方壮美的雪山景色，生动地展现出秦陇山川雪后的磅礴气势。画中群峰屏立，在皑皑白雪的笼罩下，更添一份浑厚端庄。这一群涌动的雪峰簇拥着一座巨大奇特的主峰，巍峨的大山，竟占据了画面的大半。然而这气魄万千的大山却刚劲中含有一丝柔情，富含和谐之美。深谷寒林间，萧瑟的寺院掩映其中，凸显静逸，流水从远方迂回而下，沉静无波。峰峦沟壑间云气万千，板桥山泉处是烟火人家。而民居深处有一条山径通向幽谷，令人产生无限遐思。见此

可知，画家经营构图的良苦用心。

再观图中笔墨，画中峰峦气势壮阔，雄奇险峻之感扑面而来。笔墨浓重润泽，大石巨岩、雪意屋宇，浑然一体中可见细分出的层次。画者用笔强健，山川气势尽收胸怀。他画山选取盘桓而上的高远情境，他让水呈现宁静冷凝的姿态，他将石树点染上深郁寒峭的意境。范宽图中的山水早已不拘泥写实的风格，他传达的是山水的意趣之美。

有人说："画者不一定是隐士，可隐士基本都会作画。"这话应在非著名隐士范宽身上再合适不过。在隐逸文化还未定型的上古时期，隐士还有许多名称，如逸士、高士、幽人、高人、隐者等。到汉代以后，隐士的身份因隐逸思想的升华，逐渐明确起来。随着隐士内外形态的丰富和其社会价值的体现，强大的隐逸文化传统也就此汇聚而成。于是，历史上出现了王维栖山隐水在辋川，孟浩然效仿前人归隐在鹿门山等记载。

中国隐逸文化传统分成两脉：朝隐和林泉之隐。所谓"大隐隐于朝"。这种隐士的特征是身在朝廷，心却在山川。其代表性的人物就是那个做了一辈子官，却始终高歌"归田"的苏轼。"林泉之隐"是指不步入仕途，退藏在山林泉石之处的隐士。隐逸文化的基本精神，深刻地推动和影响了中国山水画的发展。比如把山水画推向中国画首位的荆浩、总结撰写了山水画创作手法的郭熙、画作被评为

“宋画第一”“照耀千古”的范宽等，他们既是山水隐士又是山水画家。

宋代隐士里有视富贵如浮云，视荣华如尘芥，隐得彻底的林逋；也有走“终南捷径”，明着作隐士，暗地里却奔走于官场，想要谋官的种放。宋太宗淳化三年（992），有大臣向朝廷推荐种放，他毅然推辞了。宋真宗咸平四年（1001），种放得到张齐贤的举荐，但仍旧推辞了。接连两次推拒做官的他，果然博得了帝王的关注。咸平五年（1002），张齐贤再次向朝廷推荐种放，种放这次并没有推拒，他应诏面圣，得到任命后开始入朝为官。而后数年中，他数次辞官归山后又数次出山入仕。种放这样未曾断了仕途之念、富贵之想的人，实在算不得是一位合格的隐士。

雪，延着一道道山线舒展，更觉剔透；雪，挂在株株松柏上，更显晶莹；雪，映衬着古寺的红墙，更添圣洁。正侧身静听梵音的范宽竖起手指放在嘴边“嘘”了一声，“你若路过这里，一定要放慢脚步，轻轻去踩”。

## 《溪山行旅图》 将隐款玩到极致的宋朝画家

自归隐以来，范宽每日居于山中，看烟云幻灭，望气象万千。有时，他觉得自己越来越不懂山了。站在山脚下仰望巍峨高耸的山体，只觉得看山是山；跋涉山腰，与安然的古松为伴，又觉得看山不是山；一鼓作气攀登到顶峰，俯瞰云霞漫天，恍然觉得看山还是山。

如此这般，范宽对山水的体悟进入了玄妙的境地。这不，一大早他又穿梭在山林里，与花草树木培养起感情来了。山脚处弥漫着灰蒙蒙的雾气，缥缈的烟波中险峰若隐若现。范宽漫步在这雾气中，寻找大自然带给他的惊喜。他一边走一边看到了突兀的巨岩、枝干弯曲的老树。叮咚叮咚，他侧耳倾听碧透的溪水潺潺流动。这水的源头又在哪里呢？范宽习惯性地抬头仰望，只见巍然耸矗的巨峰中悬着一条千尺银瀑，这瀑布从幽深的岩壑中直泻而下。这磅礴雄奇的气势正是应了谪仙人李白的那句："飞流直下三千尺，疑是银河落九天。"范宽念完诗句，又不禁连连感叹："古人诚不吾欺啊！"

踏过山路，"啊——呃——啊——呃"的驴声传来，远处山径上行来一队商旅，四头骡马运载着货物，他们正沿着溪岸艰难地跋涉着。范宽继续缓缓向上攀爬，四周峻厚的山峦里怪石箕踞，偶有大石横卧于冈丘，向上望去，茂密林木中露出一角的亭台楼阁又引起了他无限的遐想。半晌，范宽终于气喘吁吁地爬上了山巅，他舒了口气，放眼望去，巍峨的群山，似波涛翻腾，在缭绕的云雾中，影影绰绰，层层叠叠，仿若仙境，只觉满目幽绿。倏忽间，脚下山林云消雾散，满山苍翠掩映着雕檐玲珑、粉墙黛瓦的建筑群。陡峭的山壁、墨绿的松林、薄纱般的轻雾、飞泻的瀑布、近在咫尺的天空、渺小如蚁的人群，看着这万千景象，范宽心中顿时升出一种"会当凌绝顶，一览众山小"的豪气。

这山中的日子实在逍遥，吟诗作画，游山玩水，饮酒论道。这是多少人梦寐以求的快乐生活啊！

《溪山行旅图》纵206.3 厘米，横 103.3 厘米，现收藏于台北故宫博物院。一览这幅巨制，只觉峰峦凝重，气势浑雄，更蕴藏着登绝顶而小天下的壮阔意境。范宽画下这幅杰作的初衷就是为了赞叹大好山川的雄奇壮丽之美。从《溪山行旅图》，我们可以感受到这位伟大的画家豁达的胸襟、高情远致的人格，以及他对大自然的热爱。正是因为他的胸襟宽阔，所以才获得了“范宽”的名号，所以才能画出如此广阔的景色，

描绘出实感逼人的巨作。

范宽在《溪山行旅图》的构图上没有迎合当时的惯例把主体置于中央偏斜的部位，而是将巍峨的雄峰卓立于画面中央，呈现出顶天立地的浩然之势。但由于主峰占据三分之一的画面，画幅上端分量过大，就显得沉重。范宽就用山头灌木密林，在崖脚缀以巨石，释放主峰重量。主峰两侧配以扈从似的高山，以求画面平衡。一泻千尺的瀑布打破山间的寂静，溪声冲击着山崖在山谷间回荡，这条细润如丝的银瀑不仅润泽了峥嵘厚重的山峰，带来了高山流水的波澜琴音，更承担起了“气势贯接”的重要任务。这是范宽壮阔雄心下的巧心布置。

从哲学角度来看，《溪山行旅图》又分为三个层次，山阴道中的旅客牵着载满货物的骡马艰难前行，表现了世俗生活里的艰辛劳苦。中景画幅的树丛后有一位僧人，再联想到树林中微露的楼阁，也许这位修行者是想穿过高峰，渡过危桥到达彼岸的寺院，这一象征又折射出求道的不易。画中的主峰呈高耸入云之态，诠释了画者对自然的无限敬意以及勇于攀登的决心。

《溪山行旅图》画幅右上角虽然有明末书画家董其昌所提的“北宋范中立溪山行旅图”十个字，但后人对于这幅画的作者仍存疑问，直到后来，人们在图中右下角发现了隐藏在树荫草叶间的“范宽”两字题款，这幅画作的作者争议才落下帷幕。

看到这里，有人心中一定有疑问，范宽为何要将落款藏得这么隐秘？国画上的题款、印章一般都十分醒目呀！其实，国画的款识艺术元朝以后才逐渐兴起。宋代以前，古代画家大多不署名，也不留款识，宋代画家基本上没有加盖印章的习惯，即便在画中落款，也是这种藏在角落里不容易被发现的“隐款”。

宋朝的大画家们将隐而不露的题款方式玩到了极致。李唐在《采薇图》中将落款“河阳李唐画伯夷叔齐”藏在了灰暗的石壁上；隐藏高手崔白在他所画的《双喜图》中，把题款“嘉祐辛丑年崔白笔”藏在了树干上；李成更是技高一筹，在《读碑窠石图》中，将“李成画树石，王晓补人物”的题款，藏在了画中残碑的侧面，与画面完美地融为一体。

不落款、隐款是宋画的一大特色。不过凡事也有例外，宋徽宗不但在他的大作上御笔题款与花押，甚至有的时候兴致一来还在画上用他的瘦金体题首诗词。当然服务于皇室的宫廷画师的画作上也多有年款与题字。

明清时期的书画家在研究宋人书画后，对宋画独特的隐款方式提出了两种解释。一种解释说：“元以前多不用款，或隐之石隙，恐书不精，有伤画局。”这句话的意思是说，有的宋代画家在书法上的造诣并不高，担心自己不尽如人意的书法破坏了画面整体的艺术性。诚然，许多在美术史上享有盛名的宋朝画师，比如李成、李唐等人，他们在书法史上籍籍无名，说明他们的字确实和画有一定的差距。

然而，宋代书法与绘画兼精的大艺术家也不少，以宋朝跨界最多的大明星苏轼为例，他的画作也几乎不题款。所以又有一种解释："古人有落款于画幅背面、树石间者，盖缘画中有不可多著字迹之理也，近世忽之。"也就是说，在十分讲究绘画本身技艺的宋代画家看来，画是独立的艺术品，字即使再美好也只会破坏画的美感。

元朝以后，随着文人画开始流行，文人们开始有了"保护知识产权"的意识，款识艺术逐渐发展起来。经过多年积淀，形成了"画由题而妙，盖映带相须者也；题如不称，佳画亦为之减色"这一新的美术观。

范宽立于屋中，眯着眼看着自己新完成的大作《溪山行旅图》，越看越得意，心里想着："我把名字藏在画里了，等友人们来了，考考他们的眼力，让他们好好找一找，亦当玩乐一番，岂不美哉！"

## 《临流独坐图》 百代宗师的自画像

黛色的夜幕中，缀着点点繁星，月光如水泻满大地。原本应该万籁俱寂的深夜，却被一条突然弹出来的推送消息打破了宁静。

直播临时通知：

时间：今早卯时一刻至卯时三刻

地点：秦岭某山峰

嘉宾：范中正

主题：山水绘画交流

——大宋翰林图画院

此消息一出，立刻在全国范围内掀起了狂风巨浪。就连那些刚互道了晚安，又默契地没睡接着玩游戏的众网友，都不顾自己隐身的状态，一个一个接连蹦了出来。

“什么情况，范中正？我没看错吧，就是那个隐居山林的著名画家？”

“美国杂志评选的‘上一千年对人类最有影响的百大人物’中排第 59 位的人物了解一下。”

“什么范中正？没听说过，我知道范宽，他可是山水画的大师。”

“捉到一只假粉，范宽原名范中正，‘宽’只是他老人家的称号。”

天色还未透亮，辰星犹存，千万网友前的屏幕里突然弹出了一个仙境：只见苍翠的山林里，溪水长流，被薄雾笼罩的远山巍然耸立，浮动的云雾在山坳里变幻。

众人还没来得及感叹这自然界的鬼斧神工和惊人气魄，就见一鹤发童颜的老人迈着健步向镜头走来，走到跟前好奇地歪了歪头，把脸贴近了屏幕，这一下网友们再也忍不住了。

“看到范老爷子，我知道了什么叫神采奕奕。”

“你们看到他的眼睛了吗？是多么深邃明亮。”

“他手里拿着一个坐垫……”

“坐垫……哇，好有反差萌。”

“坐垫啊！这是我每天在外面端坐观察景观时要坐的。”范宽刚调整好了屏幕，就看到了网友们在讨论他的坐垫，于是爽朗地解释了一番。

“为什么叫‘宽’？因为朋友们都说我心大。”

“官家……嘘，谁那么大胆谈论官家啊！”范宽警醒地看了看左右，突然贴到手机旁小声说，“官家是很欣赏我的画。你们别说出去啊！”

众网友乐翻在地，这下全球人都知道了。

“翰林图画院的院长邀请我给大家谈谈山水画的创作，可是吧，我也不知道从哪里说起。”

网友们热情地回应着：“范爷爷没事，您想说什么就说什么，我们都爱听！”后面一排“附议”紧跟其上。

“哎呀！我把新画的作品，拿给大家瞅瞅！”说完范宽就一溜烟儿地跑进屋了，只剩下一众被圈粉的网友们。

“这幅画还没起名字呢！”画卷甫一展开，入眼的是层峦叠嶂的山野，溪流飞瀑从山间落下，千岩万壑的高山上有恢宏的楼阁寺观，近岸萧瑟的秋林旁有一老叟端坐在溪流旁安然抚琴。

“范爷爷，那个抚琴的老人画的是您自己吗？”有目光锐利的网友率先提问。

“这你都能看出来啊，真聪明！”范宽开怀地笑起来。

才从画境里走出来的网友们纷纷羡慕起这个被夸奖的网友。

“我给大家讲讲我的绘画技巧吧！你们看此处的用笔……”

“谢谢各位小友捧场，今日咱们就讲到这里吧！”范宽与众网友招手再见。

短短三十分钟的直播，他们认识了一个有趣的可爱的绘画大师，当然不舍，但是大家心里都在想，范爷爷一定又忙着去凝神观察山水，寻求绘画灵感了，他们又怎么忍心打扰这份专注呢？

范宽笑意满满地收起小马扎，拿着坐垫，回到了房子里，大声地问道：“朝食做好了没？”

当然，这场热闹非凡的直播只是一种假设。如果宋朝能直播，范宽不仅可以做一位“网红”画家，向我们展示精彩绝伦的绘画技艺，还可以作为一名田园隐士，向网友们介绍祖国壮丽的山河。

《临流独坐图》纵 166.1 厘米，横 106.3 厘米，现藏于台北故宫博物院。读范宽《临流独坐图》，似见高耸的山川林壑间，腾起弥漫浮动的云雾，其间点缀着溪流飞瀑、楼阁寺观，而在这云山苍苍、气势磅礴的画幅中，一高士赫然端坐在陈旧的屋舍前抚琴。他形貌高大瘦削，虽衣着素净，但不掩其风仪峭古，飘逸旷达，有着非世俗可比的磊落风姿。那琴音和着汩汩的秋水在雄阔壮美的山野中回荡、盘旋。如此意境勾起了宋代文士何权的诗意，他在《题范宽临流独坐图》这首诗中这样描绘了自己的观后感：“茅堂结构背江干，日日爱看江上山。箕踞盘陀吟未稳，不知身在画图间。”

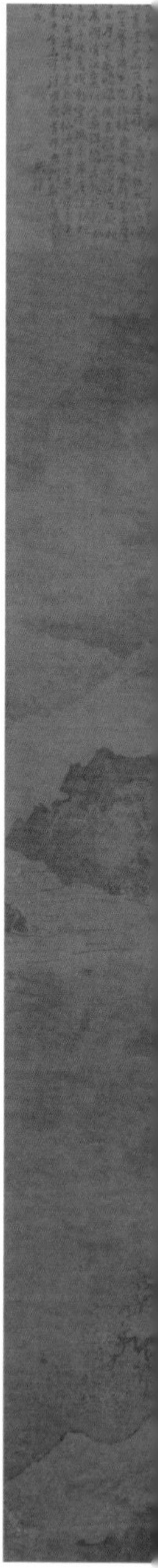

据画史记载，范宽这位被尊为“宋代山水画三家之一”的百代宗师，生于五代末年，在宋仁宗天圣年间（1023—1032）还健在。当时已经七十多岁的他依然活跃在画坛，他晚年的作品墨韵浑厚，笔力仍然鼎健。在那个平均寿命不足五十的年代，他不是贵族，终身也没有踏入仕途，爱论道但不修仙。就这样如闲云野鹤般在自然山水中游荡，痛饮沉思，作画休闲，活到了快八十岁。

被尊为百代宗师的他创作了伟大的山水作品，对后世画风产生了巨大影响。他在世时就成了传奇，北方一带的画家，但凡画山水几乎没有谁不效仿他和关仝的风格；后来的元四家、明朝的唐寅，以及清初的金陵画派，乃至当代的黄宾虹等，都受到范宽画风的影响。

南宋大师级的画家均将范宽的作品奉为典范。南宋初期的李唐，以及后辈马远、夏圭都对范宽的画风大加赞赏。到了明朝，大画家董其昌更是评价范宽的作品是“宋画第一”。但是并非每个人都欣赏这种壮美，比如苏轼，他虽然非常崇敬范宽，但点评到范宽的画作时却异常犀利，认为范宽的画不太符合文人的淡雅风范，所以“微有俗气”。不过苏轼的好友，北宋画家王诜的审美则明显不同，他将李成与范宽的山水画比喻为“一文一武”，很是欣赏这种“得山之骨”“与山传神”的浑厚画风。

点评人中最特殊的要数苏轼、王诜共同的好友书画家米芾。米芾在他的著作《画史》中说道："范宽山水，显显如恒岱。"言语中十分赞赏范宽采用的这种全景式的构图方式。但是喜欢归喜欢，对于范宽为衬托山势险峻用雨点皴和积墨法而造成的"如行夜山"的沉郁效果，米芾则表示欣赏不来。他认为范宽用墨过多又十分浓厚，以致"土石不分"，是其画作的缺点。

但是不可否认的是，这是范宽独有的风格和标志性的技法。

秋风在葱郁的林木里呼啸而过，溪水从零乱的岩石间穿行，就在此刻抬头——在浮云流雾中，与比自己高大数百倍的巍峨山峰对望。范宽在《临流独坐图》中画下了那个终日凝视山林的自己。

# 王希孟
# 绝世天才画家

## 《千里江山图》 迷云重重的山水长卷

### 北宋大观二年（1108）国子监院外

天色澄碧，春意温柔，和风卷起少年的衣袖。虽红墙前人潮拥

挤，他却感觉时光停止了流动似的，怔怔地盯着这张用浓墨书写着自己名字的巨幅榜单，许久才缓过神来，他不是在做梦，他真的考进了全国只有三十个名额的画学！

## 北宋大观二年（1108）垂拱殿

时任宰相的蔡京正捏着墨块，轻柔地研墨，他深知官家喜好奇异事物的特性，进献的奇珍异宝尚在途中。他微微抬眼望着正在作画的官家，脸上恰到好处地露出惊艳之情，心思却转了两转：“官家，

臣听说画学来了个十三岁的神童。”

官家一听果然来了兴致，眉眼一挑：“爱卿且说来听听。”

“这少年虽是庶人子弟，但天资聪颖，颇有绘画天赋。”

“小小年纪就能通过朕的考题，看来此子确是个可造之材。”

蔡京见龙颜大悦，一脸喜气地跪在地上：“今官家恩泽天下，得

万民敬仰，才有此英才少年不断涌出。”

宋徽宗眉眼带着笑意：“日后将这孩子的课业呈给朕看！”

蔡京一脸喜气：“是。”

## 北宋政和三年（1113）垂拱殿

在画学中，少年认识了包括张择端在内的很多绘画旷世奇才，欣赏了许多绝世名画，终日努力地钻研着、学习着。画学结业后他被召入宫中文书库，痴迷绘画的他得到了向官家献画的机会。

“这里用色大胆独到，但这笔法……简直一言难尽。”赵佶看着眼前的画，一会儿频频点头，一会儿眉头紧皱。在旁侍立的蔡京心中一紧：“官家若是不喜这画作，臣立马吩咐下去不必再让他献画了。”

赵佶眯眼一笑：“虽有缺点，但仍是可塑之才。将他宣来，朕亲自教他画技。”

一朝成为天子门生，得到了官家密传的少年也终是不负众望，在官家的旨意下，身处黄金时代的他，仅以半年时间便创作出了声名显赫的传世之作——《千里江山图》。

“得官家赏赐，微臣临画涕零，不知所言，便斗胆在这卷后写上几句以作纪念罢！”蔡京挥笔在长卷上写就：“政和三年闰四月八日赐。希孟年十八岁，昔在画学为生徒，召入禁中文书库，数以画献，未甚工。上知其性可教，遂诲谕之，亲授其法。不逾半岁，乃以此图

进。上嘉之，因以赐臣京，谓天下事在作之而已。”

至此，十八岁的少年希孟戴着神秘的面纱，携着壮丽的《千里江山图》来到了我们面前。

故事讲到这里，我们得出的结论却只有一个，就是蔡京的题跋里提到的这位天才少年叫“希孟”，但无论是这位少年还是这幅纵 51.5 厘米，横 1191.5 厘米的巨幅画作，二者的横空出世，都充满了

神秘的色彩。

首先是《千里江山图》的题跋中只说了“希孟年十八岁”，这里并没有提及“希孟”的姓氏，我们如何知晓画者是隔壁小“王”呢？

清代顾复著的《平生壮观》中，曾有记述：“是时有王希孟者，日夕奉侍道君左右，道君指示以笔墨畦径，希孟之画遂超越矩度，

而秀出天表……”提出了“希孟”姓“王”一论。

那么这个王希孟又是何等人物？为何他能在十七八岁画出这样一幅“神作”呢？事实上，王希孟其人并未出现在如今留存下来的任何一部宋代史料之中，甚而在宋、元、明三代任何官方或民间的记载中，亦未见他和他的巨作《千里江山图》的影踪。直到清初，鉴藏界中的权威大佬梁清标给这幅画盖上了收藏印章，宋荦写了《论画绝句》，神秘的“希孟”这才真正成了“小王”。

那么蔡京题跋中的昔日“在画学为生徒”又是什么意思呢？崇宁二年（1104），宋徽宗在国子监太学中建立“画学”，旨在专门培养绘画专业学生，“画学”相当于我们今天的美院附中。这个专科美术学校每年招收的名额只有三十人。小王同学考入画学后，要学习文化课和专业课。文化课除教授篆字书写及《说文》《尔雅》《方言》《释名》等典籍外，还注重提高生徒们的绘画语言表述能力。专业课即学习佛道、人物、山水、鸟兽、花竹、屋木等各类

题材的画法。从《千里江山图》呈现出的画艺看，王希孟最好的一门功课绝对非山水画莫属了。从画学毕业后，王希孟被“分配”到宋朝国家档案库房做一名小文员。后来王希孟得徽宗赏识与亲授，仅用半年时间就创作出了这幅青绿山水的鸿篇巨制——《千里江山图》。

宋徽宗在主持编撰的《宣和画谱》中说道：“万里之远，可得之于咫尺间。”而被绚丽的石青和石绿色彩，一层一层堆积描绘出

来的《千里江山图》正是如此。

余辉先生在《百问千里》中记述了一组数据，《千里江山图》中有：50 多座山峰、20 余座山峦、20 来座山岗、数十面山坡，凡山体就有峰、峦、岭、岫、岩、岗、嶂、崖、磐等数十种不同的形态。此外还绘有 399 栋屋宇、368 个人物、96 艘船、25 座亭台、11 座桥、13 头牲畜、2 群飞鸟、2 只鹤……

从这组庞大的数据，便可窥视这江山图景的阔大壮观，若细观画中景致，更可领略这绝美江山的壮丽风姿。在这幅长卷中，画者将主题分为五段，每段既各自独立又紧密关联，分段处先用江面隔开，再以长桥或流水、游船、渔舟等巧妙地衔接或呼应，达到了“景随步移”的高超艺术效果。画者采用从高处往下看的俯视角度，多点透视，全景式描绘出了自己心中的江山图景。连绵起伏的群山和浩渺激荡的江河湖水，于崇山峻岭、岸坡两端碧波中布置，又以不同形态的亭台楼阁、林舍市集、舟楫桥梁及张网捕鱼、驶船、行旅等各式人

物细致点缀。这幅气象磅礴的图卷，堪称宋朝版的“航拍中国”。

其实，这幅与众不同的青绿山水也揭示出了我国古代山水画的审美转变。现如今水墨山水已成为国画的主流，但从山水画的发展历史来看，设色在前，水墨在后。设色画又分为重彩和淡彩。《千里江山图》应归属于重彩一类。在设色山水画中，出现最多的色彩要数体现山川林壑的矿物质石青、石绿，所以这一类画作往往又被称为“青绿山水”。

自上古至隋唐以来，我国的壁画和人物图画多为重彩绘制。现存最古的青绿山水画为隋朝展子虔的《游春图》，到了唐朝，被视为文人画鼻祖的王维带着水墨山水流派登上历史舞台。两宋时期，水墨山水与青绿山水两派产生了激烈交锋，《千里江山图》正作于此时。其图中的山石均先以墨色勾皴，再用青绿重彩反复叠加，所以即使时过千年，这幅惊世巨作依然焕发着明艳的色彩。不过也正因为重色的层层积染，每一次开卷都会使卷面上的颜色脱落，对画体造成不可逆转的损伤。所以，如今收藏在故宫博物院的《千里江

山图》至今为止鲜少展出。

在长达 11 米的巨幅画面中，人物虽然微小如豆，形象却生动逼真，就连万顷碧波中的细水波纹，画者也一笔一笔详细地刻画了出来。

十八岁本是年轻气盛的年纪，王希孟却有难得的沉稳与耐心。他似乎有大把的时光，不慌不忙，安静地去描摹细节，但也唯有在

这个年纪，才会秉持着这股子“初生牛犊不怕虎”的精神，创作出如此的杰作！

这位洋溢着青春气息的十八岁少年，带着意气风发、精绝的画艺与极致的耐力，绘制出了祖国宏伟的锦绣山河。

但作为“中国十大传世名画”之一的《千里江山图》，自面世以来就谜团密布，争议不断。有人拿出种种资料为它证真，有人对

照题跋誓要揭露它是伪作。然而，这一切都不重要。就图画本身来说，唯一值得评判的难道不是它的艺术价值吗？《千里江山图》这幅站在了青绿山水领域艺术巅峰的画作，足以向世人证明自己。

是夜，赵佶辗转许久，终是起身差人将寝殿的所有灯盏燃上。他走到案桌前，痴迷地望着眼前的青绿山水长卷，微颤的手指竟不舍去触碰，怔立许久，他微启双唇无比动情地说："这绝美山河，这壮美天地，就是朕梦寐以求的千里江山！"

# 李迪
# 国宝制造者

## 《雪树寒禽图》 长寿画家

### 南宋淳熙十四年（1187）

宫苑深处，雪浩若飞花翩纷。宫廷画室值班处有一年轻人，正惬意地捧着茶盏，品着精致的茶点，站在屋檐下赏雪，感叹这偷来的悠闲时光。

至于这“偷”还要从他的顶头上司，画院副使李迪李老说起。李老虽年近八十，但依然目光炯炯，精神矍铄，拾级登楼，不但不赖人扶，还健步如飞呢！往李老身边一站，他们这群顶着黑眼圈的年轻精英画师，就立刻相形见绌略显颓靡了。

更值得人们敬佩的是，早就到了退休年龄的李老，仍然坚守在岗位上发挥余热，指导他们这群小辈儿作画。说起李老的专业水平，那也是顶级的，人家博才多艺，绘画路子极宽广。他能画花鸟、竹石、山水、人物、猫、犬、牛、羊、猿、獐等。除了最受推崇的花鸟画外，他的畜兽动物画也鲜有人出其右。

李老从专业层次来讲是宫廷画院最受敬重的画师。同时，他也是画院里年轻人最爱的画师，没有之一。但是这份爱有时又略显沉重了，李老画起画来的痴迷和疯狂劲，让他们这群后辈倍感压力和无奈。比如，李老快八十了，为了画小鸡、画犬，他非得在院子里养鸡养犬。小鸡崽儿好不容易给呵护大了，每天又开始鸡飞狗跳了。谁希望每天顶着一身鸡毛下班呢！至于为了写生而去郊外爬山涉水，那都是李老这位较真的画家不值一提的小菜了。

眼下正下着大雪，李老的家人想必也不会让他进宫作画了，年轻画师偷得浮生半日闲，心里美得很。可谁能告诉他那个撑着伞、大步流星、鹤发童颜的老者是谁？年轻人还在眯着眼辨识，就听到老者洪亮而熟悉的大嗓门喊道：“那谁，赶紧来观察雪中寒树啊！机会多难得啊！”

仿佛被闪电劈了一道的年轻人，心里一碎：“我真低估了李老这位‘工作狂’。”不过谁能拒绝这样一位充满热爱的老人呢？年轻人一路小跑到寒树下，李老连声说：“慢点慢点。”年轻人心中大喜：“李老果然贴心，怕我雪天滑倒。”笑意还没到眉梢，又听李老接着说：“树上有只鸟，别给我惊跑了！”

年轻人的笑意从脸上裂开，好吧，谁让他是最爱的李老呢！

李迪，生卒年不详。南宋画家，河阳（今河南省孟州市）人，北宋宣和时期任画院成忠郎，南宋绍兴时恢复官职并被提任为画院副使。他活跃于宫廷画院几十年，一画就画过了宋孝宗、宋光宗、宋宁宗三朝（1162—1224）。从画史记载和他流传下来的画中题款可知，他的作品上溯到北宋宣和七年（1125），最晚的年款为庆元三年（1197），历经七十三年，据此推算，则李迪应活到九十岁以上。

作于淳熙十四年（1187）的《雪树寒禽图》，是李迪晚年时期的作品，这幅清逸空灵的佳作，现藏于上海博物馆。

凛冽的深冬，雪花犹如飞絮从天而降，坡地上一棵木叶落败的酸枣树，挺立在冰天雪地里。一丛茂密的竹子傍着干枯的树干而生，竹子被积雪压得叶梢微垂，但在这冷寂的天气里依然青翠晶亮。轻染薄雪的棘枝上有一只伯劳鸟正停留小憩，它安然地立于枝头，仿佛在观赏着漫天飞舞的细雪。《雪树寒禽图》的画面紧扣“雪”“寒”二字，立意颇深。画者用积雪的树木、覆雪的翠竹、墨染的天空、无畏寒冷的鸟儿等意象，塑造了冬季寒冽萧瑟的气氛。然而在这一片冷寂之中又充满了生生不息的活力。

历史上唐朝画家在画冬天的景致时，经常弹洒白粉到画面上，以代表雪；水墨盛行的五代，画家们发明了墨色烘染、留白的方法表示积雪；而在《雪树寒禽图》中，李迪将洒粉法与墨色留白法完美融合，全图以墨色为基底，层层积染，在留白的枝叶与土地周围轻洒淡淡的白粉，以表现洁白的飞雪。

伯劳鸟是传统花鸟画中的“小明星”，宋画中常出现它的身影，宋徽宗、李安忠等绘画大师，都有以伯劳鸟为主题的作品传世。但不同作品中，伯劳鸟所代表的意象也不同，这也要从伯劳鸟的文化内涵说起。

伯劳鸟身体娇小但生性凶猛，所以有“雀中猛禽”之称。据说西周周宣王时，大臣尹吉甫因听信继室的谗言，误杀了前妻之子伯奇。伯奇化成伯劳鸟遇父哀鸣。这个颇具悲剧色彩的故事道出了伯劳鸟名字的由来，后来民间将伯劳鸟称为“恶鸟”“害鸟”，唯恐避之不及。伯劳鸟被视为不祥之鸟还有其他原因，那就是它在五月开始鸣叫。《月令七十二候集解》中记载：“（芒种）二候，鵙始鸣。”这里的鵙指的就是伯劳鸟，而芒种则指的是夏历的五月。古人将阴气视为“贼害”，而五月正是阴气萌发之时，所以在五月啼叫的伯劳鸟也被称为“贼害之鸟”。

但历代有识之士并没有因此“歧视”伯劳鸟，三国时期的曹植曾专门撰写《令禽恶鸟论》为伯劳正名。他在文中指出，伯劳鸟的啼鸣与吉凶无关，只是源自天性，只有“愚昧无知的人”才会误解它。而到了宋朝，伯劳鸟在花鸟画中频频出现。这代表着宋人已经不再将它视为不祥之鸟了。花鸟派宗师宋徽宗是一个迷信祥瑞的皇帝，他的花鸟作品中聚集了各种祥瑞之鸟，如仙鹤、锦鸡等。在他的传世名作《梅竹聚禽图》中，出现了伯劳鸟的身影，因此伯劳鸟也是由皇帝钦定的“瑞鸟”了。

现在的研究结果也证明，伯劳鸟以昆虫为主要食物，有时也吃一些野生果子，虽偶有残杀小鸟的恶劣行为，但对农林业无害，可以说是一种“益鸟”。

李迪站在雪树下，看着那只在风雪中翘首远望的鸟儿不禁痴了，好一只威风凛凛的长尾灰伯劳啊！

# 《风雨归牧图》 宋朝独特的耕牛贸易

“阿牛哥，今儿个你能教我做柳笛吗？”一小童牵着自家的水牛兴冲冲地向另外一牧童喊道。

“当然了！”牧童扬了扬手上锥形的斗笠，冲小童龇牙乐了起

来，“走，咱们去河边。”

“哎！”小童兴奋地蹦了起来，抓起牛绳就往前跑去，不过刚寻了一片嫩草的水牛却不愿意了，一直赖着不走。

小童只得给牛儿顺了顺毛，商量道：“咱们去河边吃草行不，那里的草可鲜美嘞！”直到小童脸窘得通红时，牛儿才终于给面子，挪动了脚步。

小童尴尬地冲阿牛哥笑了笑：“我家这大笨牛就是这样。”谁知那牛儿竟像听懂了似的“哞哞”叫了两声。两个孩子说笑着跑向河边。

已是初夏，河边的芦苇长出长剑一般的叶子，一片青葱。微风徐来，绿浪起起伏伏，发出飒飒的响声。碧流清水边，柳丝飞舞。牧童两人坐在柳树下制作柳笛，牛儿在旁闲适地吃草，一片祥和之景。但忽地天色被几片黑云遮住，变得昏蒙起来，草木在疾风中狂舞，眼见着风雨将至。

经验丰富的阿牛哥推了推小童：“快，要下雨了，咱们快披上蓑衣戴上斗笠，赶紧回家。”小童慌忙地去取雨具。此时风势更强了，柳条迎风翻舞，岸边芦苇被吹得东倒西歪，河水荡起阵阵水波。就连平时不慌不忙的牛儿也感受到了这剧烈的天气变化，等小主人仓皇地爬上牛背，它没有再眷恋鲜美的小草，而是急促地往家的方向赶去。

狂风咆哮着，一阵比一阵猛烈，走在前面的水牛被风吹得睁不开眼睛。牧童用手紧紧拽住斗笠的帽檐，大声叮嘱后面的小童："按好你的斗笠！"话音刚落，小童的斗笠就被疾风吹翻在地。小童迅速转身，手脚并用地趴在牛背上，生怕自己这瘦小的身体也被狂风吹走，但斗笠不能不要啊，他顶着强风盯着斗笠，陷入了下去吧怕风，不下吧又不舍斗笠的两难境地。

两头牛不知是有心灵感应还是感受到了小主人不知所措的情绪，前方的牛停下急匆匆的步子，把头反转，眼神带有疑问，似乎在问后面止步不前的牛："怎么了？"阿牛哥转身发现情况，刚想跳下牛背去帮小童捡斗笠，狂风就给他来了个下马威，怒号了一声，地上的斗笠随着狂风消失得无影无踪。"哎哎……唉。"

"那你们昨天到底淋雨了吗？"一起牧牛的小伙伴们围在一起好奇地问阿牛哥与小童。小童吹着柳笛，望着天上的云霞和阿牛哥相视一笑，异口同声地说："你们猜啊！"

自古以来，描绘牧归景色的画作屡见不鲜，但现收藏在台北故宫博物院的《风雨归牧图》，因其独特的视角而堪称牧归主题的杰作。画幅右下角署有"甲午岁李迪笔"的六字款，据李迪生活的时代推测，这里的"甲午"指的是南宋孝宗淳熙元年（1174），而这幅画也被认为是"国宝制造者"李迪流传下来的作品中创作年代最早的一件。

图中本应闲散的牧童、沉稳的水牛、温婉的柳条、质朴的青草树木，在疾风这无形大手的拨弄下，变得极具戏剧性。在强劲的风势下，画中所有的植物均往画幅的左侧翻飞，那风好像随时都要冲出画面，向观者席卷而来。而画者最精彩的设定要数牧童回家的方向。正因为逆风而行，所以就出现了后面的一幕，风将斗笠掀起，打乱了牛与牧童飞奔回家的计划，在肥壮的牛身烘托下，两个身形娇小的童子更显得栩栩如生。

“青草旺，牛马壮。”要想让牛劳作，就得让它吃饱。在古代，一些有牛的“大户人家”会专门雇佣孩童放牛，而这些“放牛娃”与他们的工作对象——牛，两者的组合，几乎占据了所有牧牛题材作品的主体。

雇佣放牛与宋朝独特的耕牛贸易有关。为了缓解“三冗”问题带来的财政压力，宋朝政府鼓励全社会全阶层的商业行为发展，随着租赁、借贷等商业手段得到了普遍认知，耕牛贸易也应运而生。

虽说宋朝政府设立了严格的耕牛保护政

策，但由于商业的繁荣，包括耕牛在内的一些生产工具的商品化已经成为一种社会潮流，即使明令禁止也难以把控，而且朝廷为了收税也并不想严禁。但耕牛保护政策是宋朝作为农耕社会的基本准则，所以官府又不能完全放任民间的耕牛贸易。

于是宋代官府对于耕牛贸易，包括耕牛的买卖以及耕牛的租赁等，在国家监管之下，采取了一系列的创新措施。百姓不必承担养牛的费用和风险，只需在农忙时去官府租赁或借贷耕牛，就能获得强大的农耕劳动力。在这种方式之下，既增加了国家税收，促进了生产力发展，也减轻了百姓负担，官府和百姓达到了双赢。

“阿嚏，昨天那场雨虽说来得急走得也快，但就这么短的时间全让我遇着了，淋得我是透心凉！”李迪晕沉沉地还没说完，夫人一勺子姜汤就喂到了他喋喋不休的嘴里：“谁叫你淋雨回来了，不及时驱寒，还非得作画。”

“夫人此言差矣，风雨归牧啊，多么难得的画面，我定是要赶紧画出来的！”

“不过你别说，你画里这两个牧童倒是怪可爱的。”

## 《枫鹰雉鸡图》 宋朝版老鹰捉小鸡

“陛下画的可是老鹰抓小鸡？”

“噗。”坐在一旁正欣赏自己大作的李迪，顿时喷了一口茶水，

“一派胡言，这明明是一幅《枫鹰雉鸡图》！”

童子连忙给李迪轻拍后背认错，认错态度良好：“我这烂嘴，陛下这么霸气的画从奴才嘴里出来就……就……”小童挠挠头，一时不知接什么词了。

“庸俗！”

“陛下说得对，奴才这嘴就是笨。”小童说着还假模假式地扇了扇自己的嘴巴。

那谄媚的模样逗得李迪哈哈大笑：“你这皮孩啊，跟在我身边也几年了，不单风雅一点也没沾染上，就连用字遣词依然那么……”

“庸俗！”这不小童都会机灵地抢答了。

“那你这俗人来看一看我的画，说说哪里霸气了。”

小童在图画前辗转了几步：“陛下这画只要一亮相，定会成为全场瞩目的焦点。”

李迪眉毛一挑，表示惊喜，示意小童接着说：“原因无它，因为和其他画作相比，它实在太大了！”

李迪正巧又喝了口茶，这回为了保持形象，他憋着气硬是把快要喷出的茶顺下去了。

“接着说！”

小童眼神一定遥遥一指：“这鹰眼睛瞪得溜圆，嘴巴像钩子一样尖，多凶猛啊！我只是看着竟生出了畏惧感！”说完小童将双手置到胸前，做个了颤抖的姿势。

小童脸上一红，又接着说：“这雏鸡的羽毛乍开，眼神惊慌，吓得爪子都缩起来了，一看就是落荒而逃的样子。”

李迪拍拍小童单薄的小身子：“你这不也是有些欣赏能力的嘛！那你说说我为何能把东西画活了。”

“旁人不知，我却知道。即使您已经功成名就了，却依然每日练习绘画，您画的每一幅作品都会去认真观察，这些画里充满了陛下的爱呀！”说着说着小童子竟红了眼眶。

老顽童李迪却不好再逗弄自己的崇拜者了，可让他安慰人也实在是为难，就在他支支吾吾没说出话来时，小童又接着说道：“为了作画您被马追过，猫抓过，狗咬过，鸡啄过……”

李迪老脸一红：“打住。我觉得你说得有理，这幅画就是老鹰抓小鸡。”说完卷起画走了。那样子竟有点像画中那只落荒而逃的雏鸡。

小童摸摸脑门心想：“刚才还好好的，陛下怎么又闹脾气了？”

由北京故宫博物院珍藏着的这幅《枫鹰雉鸡图》，纵 189 厘米，横 209.5 厘米，是一幅不折不扣的鸿篇巨制。从该画左上方署款“庆元丙辰岁李迪画”来看，这幅画是南宋宫廷画家李迪于宋宁宗庆元二年（1196）所画。

图绘乱石竹丛中，矗立着一株苍老的枫树，古枫向左伸出一根老枝，虽枝干近乎中空，但仍有一部分枝叶繁茂。疏密有致的树叶下是平缓的土坡，坡地上荆棘和兰草交相辉映。枯枝上一只巨大的苍鹰紧抓树枝，俯身、摆头、侧目，眼睛紧盯着树下慌忙逃窜的雉鸡；画中兰草、丛竹、枫叶采用细笔双钩绘出，再略加淡墨点染；山石、树干运用斧劈皴，辅以重墨擦染，突显了画面的立体感。画卷的主角鹰和雉的羽毛精细逼真，每一片的羽毛上面，都用淡墨分染出纹色层次来。李迪将鹰的凶光毕露、蓄势待发与雉的张皇逃窜、胆破心惊，刻画得栩栩如生。这幅花鸟画将工细与粗放结合起来，给观者以强烈的视觉冲击。

画面中的雄鹰站立在枯枝上，鹰爪骨节分明，身体劲挺绷成一条线。只见它正俯身看着右下角被吓得毛羽倒竖的雉鸡。鹰目露凶光，下喙紧闭，坚挺的羽毛似有凌云之势，看来对猎物志在必得；而目光惊惧的雉也被描绘得栩栩如生，雉鸡颈部和双耳上的羽毛乍翘，一腿紧蹬，一腿缩到胸前。最妙绝的还是那恐惧、可怜的神情，隔着画面似乎都能听到它苦苦的哀鸣声。茫茫山野之中，这一高一低，一静一动，一强一弱形成了鲜明的对比，留给观者无尽的想象。

宋朝的鹰多来自辽、金、西夏等地，淳化三年（992），西夏国向宋太宗进献了一只“海东青”，宋人被这稀奇英武的鹰深深吸引，此后驯鹰在宋朝风靡起来。再加上宋朝与金、辽商人来往密切，鹰以独特的自身魅力迅速地打开了宋朝的市场，宋朝的商业街便有不少饲养、出售鹰鹘的“鹰店”。

花鸟画作为中国传统绘画题材的主要分类之一，历史非常悠久。其题材大都反映的是鸟语花香、平和安适的悠闲诗意景象。而这幅《枫鹰雉鸡图》的主题和视角却很独特，反映的是动物间的弱肉强食。

鸷禽题材的绘画作品有着特殊的历史含义。对宋人来讲，鸷禽图可作为一种居安思危的预警与诤谏；但对于虎视眈眈逼向中原的辽、金、西夏、元而言，则是开疆拓土的激荡气魄。

北宋的都城汴京坐守中原，北有契丹、女真、西夏诸强窥伺，是无险可守的四战之地。爱国词人范仲淹在抗击西夏时，曾作《渔家傲》，发出忧国忧民的悲凉哀叹：“四面边声连角起……燕然未勒归无计。”鸷禽题材在某种程度上，算是宋朝与北方游牧民族之间持续数百年的对抗与并存的真实写照。

为了方便写生，李迪家里也养了一只鹰，不过他才不会告诉你，他和老鹰互熬的那段悲惨经历呢。

## 《秋葵山石图》 一触即发的狸犬大战

庭院里，几丛秋葵葳蕤生光，从山石的缝隙中穿插斜出。花朵摇曳着身姿，分外明艳。翩翩飞蝶正绕着花朵嬉戏，却被突如其来的“汪汪”声吓得身姿一震，赶紧往高处扇翅。

“富贵，当心点，别碰到姐姐家庭院里的花花草草！”

“你惯会说客套话，且让它跑跑耍耍。再者，这名贵的狮子犬怎的起了这么个俗气的名字。”两位女子站在花园长廊里看着远方上蹿下跳，活泼扑蝶的小狗富贵，说起了话来。

“哎呀，贱名好养活啊！狗来富，猫来贵。多好的兆头啊！”“富贵”的主人调皮地眨眨眼。言语间引得主人家拿着丝帕捂着嘴一阵发笑。

“好姐姐，您家的团子在哪呢？我今天可是特地来请它的。”

“注意，我家的猫叫雪团，取踏雪寻梅之意。它用完早餐，向来是愿意跑到院子里找个舒服的地方晒太阳睡觉的。”

女子一阵羡慕：“养猫可真好！我家这只狗崽儿傻乎乎的就知

道乱跑，见到老鼠不去捉，竟是发抖害怕起来。这不，我才来厚着脸皮想向你请几天猫嘛。”

主人家笑着点头，两人不紧不慢地向假山处进发，还没到那里，一场猫狗大战就蓄势待发了。

原来啊，小狗富贵翘着尾巴费了半天气力追捕不到蝴蝶，只觉无趣，反过来又去戏弄山石上正在眯眼瞌睡的狸猫——雪团。对于这突如其来的挑衅，被扰了清静的雪团，瞬间惊醒，它弓背竖尾、毛发炸开，一副随时都要扑冲过去的样子。

两位女子见状连忙各自抱起爱宠，富贵窝在主人怀里呜呜叫着，一副委屈样地诉苦告状。而同样在主人怀中的雪团舔了舔自己的爪子，锋利的牙齿向富贵一龇，仿若在示威。富贵身子一抖，好强的气场啊，它服气了。

将这场大戏收入眼底的两位女子噗嗤一声，不约而同地笑了出来。

“雪团厉害得很，抓老鼠肯定不在话下，这下我可放心了。”

“不必担忧老鼠，还是担心你的富贵吧。”

“汪汪汪……”

“喵……”

“呜……”

养只宠物在家就是热闹啊！

汉朝时期，波斯人将宠物猫文化通过丝绸之路传播到了中原。从此猫就开始狂刷存在感，直到宋朝时迎来了巅峰时刻。

作为“喵星人C位出道”的宋朝，宋人对猫的喜爱达到了极致。宋朝从皇宫到民间都盛行养猫。据记载，汴京不仅有专卖猫粮的店、出售逗猫玩具的店，还开设有宠物美容店，可见这群小家伙在宋朝生活得极其体面。

公元960年，赵匡胤正式开启了宋朝时代。虽然政治表现力略差，但宋朝的经济实力和人民生活幸福度是远超前朝的。生活富裕了，休闲娱乐文化等丰富精神层面的产业，也都渐渐形成了一定的规模。于是，“宠物猫”文化就正式登上了大宋的舞台。

宋人将猫统称为“狸奴”，这里的“狸奴”乍一看与现代的“猫奴”一样，但“猫奴”是指爱猫之人，古人说的“狸奴”是对猫的爱称。《东京梦华录》《梦粱录》《夷坚志》等记录宋史的资料，均记载了宋朝养猫文化的有关事迹。

宋人养猫十分讲究，不能俗气地拿钱买，要想得到一只猫，必须先下“聘”，即要像娶媳妇过门一样郑重去“求娶”，还要许以贵重的“聘礼”。这件事虽听着有些夸张，但却是有实证的，北宋诗人黄庭坚在《乞猫》诗中谈道：“闻道狸奴将数子，买鱼穿柳聘衔蝉。”

这句诗翻译成大白话，意思就是：“听说有户人家的猫咪产了许多猫崽，我得赶快去集市上买点新鲜的鱼穿上柳条提去做聘礼，希望能聘回一只小猫。”关于祈猫的聘礼，南北也有差异，北方流行送鱼，而南方则使用与“缘”音相似的盐来显示自己的诚意。

南宋的皇室流行养猫，并且对猫十分疼惜。绍兴二年（1132），宋高宗赵构因没有子嗣，只得从宗室中过继一个孩子当储君，大臣们最终选出了两位候选人，这两个孩子一胖一瘦。两人正在殿内接受考验时，一只傲娇的猫儿闯了进来，胖孩子见状随意伸出脚就踢了猫儿一下。但这一踢，也踢飞了自己的皇位。赵构看了非常不喜，认为猫儿只是偶然经过，那胖孩子的举止太过轻率，恐怕难堪重任。于是便把瘦孩子留在了宫内，这个瘦孩子就是后来的孝宗皇帝赵昚。

不仅皇室爱猫，诸多文人雅士也为这些小可爱们倾倒、着迷，从而留下了不少佳作。非著名“铲屎官”黄庭坚不仅写了《乞猫》一诗，在聘来猫后，还专门写了一首《谢周文之送猫儿》，给猫原来的主人汇报小猫傲人的捕老鼠战绩。

猫画起始于隋唐，在宋朝达到鼎盛，就连宋朝皇帝也喜欢画猫，宋徽宗赵佶就以猫为题材画了一幅《耄耋图》。“猫”谐音“耄”，“耄”指代八九十岁，所以猫又被赋予了长寿的吉祥寓意。有了“耄”自然也就少不了“耋”，而“蝶”谐音“耋”，所以富有祥瑞寓意的猫蝶图（耄耋图），一直是中国画中一个固定的主题。

李迪笔下的《秋葵山石图》在猫蝶图的主题上进行了创新，画面中呈现出的是猫、狗、蝴蝶与花卉、湖石，一种动物配以风景的新组合方式，而动物之间也并非以往的和谐共处，而是以相互敌对的状态“碰面”。庭院里蝴蝶翩飞，一只小狗张口吐舌正在挑衅湖石上的狸奴，而狸奴也毫不示弱，它亦张着口低沉地吼叫着，后背拱起，四肢蓄力，一副要开战的姿势。

“您的这幅《秋葵山石图》，将猫狗大战勾勒得如此细微，请问这种敏锐细致的洞察力是如何练成的呢？”面对“《大宋画报》记者”的提问，李迪干咳了一声，开了开嗓子正想冠冕堂皇地回答一下，就听院子里传来一阵猫叫犬吠。仆人急急冲过来禀报：“陛下不好了，咱家狸奴和宝犬要干架了！”李迪胡子一吹，冲着“记者”尴尬地笑了笑，一溜烟地跑去劝架了。

## 《鸡雏待饲图》 嗷嗷待哺的小萌鸡

轻柔的春光里，春水在山间浅斟低唱；柳笛儿和着歌声自在悠扬；牧鞭很柔，脆生生发响。李迪仿佛听到了春天正在温暖地呼唤着他的名字，于是他拿起手杖，在和煦温暖的阳光下来到山间，来到乡村，来诵读这篇关于春天的华章。

从山林里穿梭而过，与一路的芳菲相遇，李迪那因年事已高而越发疲惫的身体得到了疏解。赏完了自然风光，他决定在乡村里走一走，感受下田园生活的恬静。路过一户农家，刚想小憩一下，两只小鸡雏就这样不经意地闯入了他的视线。“咦，这里竟有两只毛线球般的鸡雏，还有一只在盘坐着，真有趣！”

听到说话的声音，一只小鸡雏歪着毛茸茸的头，黑豆样的眼睛蓄满了光似的向他望来，只是这光里透露着一种懵懂。李迪停顿下的脚步又抬起，今日他可是来度假休闲的，作画一事便搁一搁罢。

虽嘴上说着不画不画，但李迪的眼睛却不由自主地继续观察起来。只听母鸡一串“咯咯——咯咯——咯咯哒”的声音传来。

一卧一立的两只鸡雏，仿佛听到了天籁之声，不约而同地转过

头望着母鸡那边，屏气凝神了，娇嫩和稚气的小脸上立刻绽放出了惊喜的神色。李迪看到两只小鸡听见母亲殷切的召唤后，向母鸡奔赴而去的身影，忽然就酸了眼睛。因为小鸡们那扑闪着的、柔软如同绒球的羽毛上，仿佛镀上了一层名叫幸福的光晕。

“这世间最美的声音莫过于有母亲的呼唤吧！”

“还是再出山画一幅吧！”李迪感叹了一番，揉了揉手，吸了

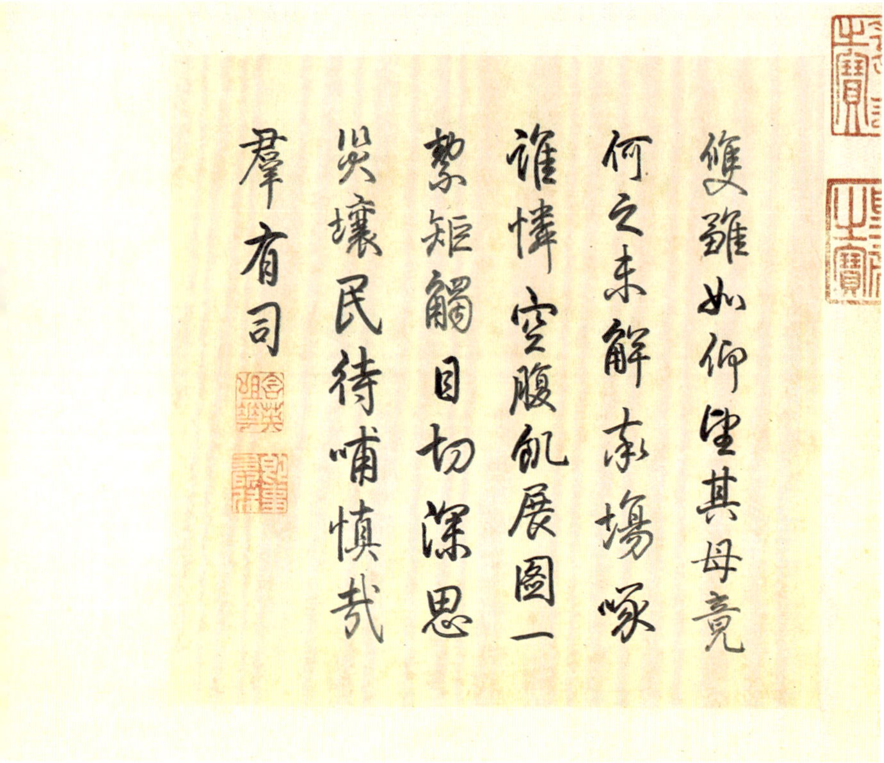

吸鼻子，“谁让我一下子就破防了呢。”

《鸡雏待饲图》现藏于故宫博物院。没有复杂的构图，没有任何背景相衬，画家用黑、白、黄等精细的线条，生动地描绘出了两只鸡雏嗷嗷待哺的神态，密实的笔触突显出了鸡雏绒毛的柔软质感，将鸡雏幼小可人和稚嫩的情态刻画得淋漓尽致。特别是两只鸡雏虽姿态不同，但面孔却向一处张望，它们脸上的期盼之态，刹那间的回顾之情，格外动人心弦。

雅好书画的清代乾隆皇帝在观看此画后，也对画面表达的爱抚之情深有感触，于是御笔题了一首五言诗：“双雏如仰望，其母竟何之。未解率场啄，谁怜空腹饥。展图一絜矩，触目切深思。灾壤民待哺，慎哉群有司。”

作为帝王的乾隆皇帝从母鸡与雏鸡间的小爱，联想到了国之大爱。于是在乾隆五十三年（1788），他临摹了这幅作品，并且下令摹刻多份，颁赐给了各省的行政长官，希望他们把自己辖区内的百姓视为图中的鸡雏，能勤政爱民，“勿忘小民嗷嗷待哺之情”。

两宋时期，家禽养殖较前代更为普及，这时饲养鸡禽已成为农民们的副业之一，在满足自身需求之外，农民们将多余的家禽出售以增加收入，补贴生活。不仅农民们自发畜养家禽，而且官府也很重视用养鸡的方式促进民间经济的发展。北宋名臣宋庠在河南府当官的时候，就发布行政命令，要求他治下的百姓每一户都必须要养鸡，为了防止有人造假蒙骗官府，他还要求民众定期把鸡带到府衙来检查。南宋时期，江南地区因朝廷的扶持，得以大规模地开发，伴随着粮食种植面积的大幅增长，养鸡也逐渐成为重要的家禽饲养活动。江南地区养鸡的民众人数和养鸡的规模都胜过北方地区。

两宋时期，家禽肉食品的销售系统已趋于完善。北宋时的汴京街头有卖“退毛鸡鸭”的，商家在出售鸡鸭前，已做好宰杀、退毛、剖肚等一系列麻烦的流程，而且他们还开展了送货上门的业务，贴心周到的链条式服务，方便了人们的购买。

到了南宋，官方专门在临安城内设置了家禽买卖市场。除了固定售卖外，挑担抬盘架买卖生鲜家禽的小商贩们，遍布临安的大街小巷，他们灵活的流动式经营，满足了民众对家禽肉食品的消费需求。

鸡肉味美，又有滋补的功效，是宋人喜食的佳肴。真宗时宰相吕蒙正喜欢喝鸡舌汤，每天早上都要吃，以致家中鸡毛成山。苏辙在谪居雷州时“喜欢食用五母鸡”。不过在宋朝可不止鸡舌汤这一味好吃的鸡肉菜肴。据记载，南宋时期，临安市面售卖各种各样的鸡肉菜肴，比如，五味炙小鸡、红小鸡、脯小鸡等，如此丰富的做法，足见当时国民对于鸡肉的喜爱和鸡肉菜肴的蓬勃发展。

不过，这些鸡肉菜虽然花哨，但寻常人不是随便就可以吃到的。从可食用的合法肉类角度来说，在北宋时期鸡肉的价位仅次于羊肉，排名第二。所以在宋代民间除非重要的场合，如婚丧嫁娶或者款待贵客等，才会备下美味的鸡肉菜肴。除了满足口腹之欲，兴盛的家禽养殖业还推动了其他相关产业的发展。比如，禽类的羽毛还能够制作毛笔、棉被等实用的日常物品，对宋人的生活也十分有益。

不过是在院子里多看了小鸡雏两眼，李迪就被热情的农家送了一个贵重的礼物——成堆的鸡毛，回想起那庄稼汉挠着头说“千里送鹅毛，礼轻情意重，但我家没有大鹅”的窘迫模样，李迪“扑哧”

笑了出来。这鸡毛虽无法织成柔暖的棉被，但是做成一个鸡毛掸子，掸他画上的灰尘却是正好的。

看着手中的《鸡雏待饲图》，李迪念叨了一句："也不知这两只鸡雏会自己觅食了没。"

## 《猎犬图》 宋朝的养犬风气

碧水般澄澈的蓝天飘来几片悠闲的云，时而一团一团如棉絮，时而一卷一卷如波涛，时而又如山一般地簇拥在那儿，万千状态，无奇不有。但这浮云、蓝天再清朗幽美，隔着窗户看了数十天，也早就看腻了。

李迪懒洋洋地坐在雕花椅子上，将掌心布满茧子的手放到穿过窗户洒来的阳光下。画了几十年的画，才几日没动笔，这手总觉得一下子泄了劲似的，看来闲下来的感觉并没有想象中的那么美好。

他想回画院上值了，可别说去宫里了，就连这院子他现在都迈不出去。这一切还要从他作画时突然晕了过去说起。虽太医说了，一者是年龄大了体质摆在那里，二者就是睡眠有些不足，导致晕倒。身体并无大碍，调理调理就好。但家中的子孙就是不放心，这不，轮流地来陪他老人家了，强制他休息。

“祖父！”得吧！今个的看守员又来了。

李迪扯了扯嘴角强颜欢笑：“哎，乖孙子！”

小孙子“扑哧”一声笑了出来：“您这笑得比哭还难看。”

李迪吹吹花白的胡子，瞪着眼示意自己生气了，小孙子连连摆手求饶：“祖父您别气了，快来看我今天给您带什么来了。”说着他从袖子里拿出几本精美的书册来。

李迪眼睛一亮：“是图册吗？”虽着急但生怕将纸张弄出褶皱来的李迪，轻柔地拿过册子，一翻顿时不乐意了，原来是诗集。哎，空欢喜一场。

小孙子一看李迪的表情，伶俐地说道：“最近书院里先生给我们布置了诗词作业，祖父您那么博学多才，就帮帮您爱孙吧！”李迪一乐，立马指挥起来：“是得先读再去下笔，你且先读几首诗词来听听。”

“日暮苍山远……柴门闻犬吠，风雪夜归人。您看刘长卿这首诗中描述的这幅风雪夜归图如何？”

李迪托着下巴一琢磨：“妙啊！尤其是后两句，这犬吠声。”

小孙子一激动仿佛找到了知己：“是啊，用犬吠声衬托宁静寒冷的夜晚，提示我们主人归来。”

“如此忠犬，好想画……”

小孙子一看自家祖父一脸落寞的样子，赶紧换了本宋词：“咱

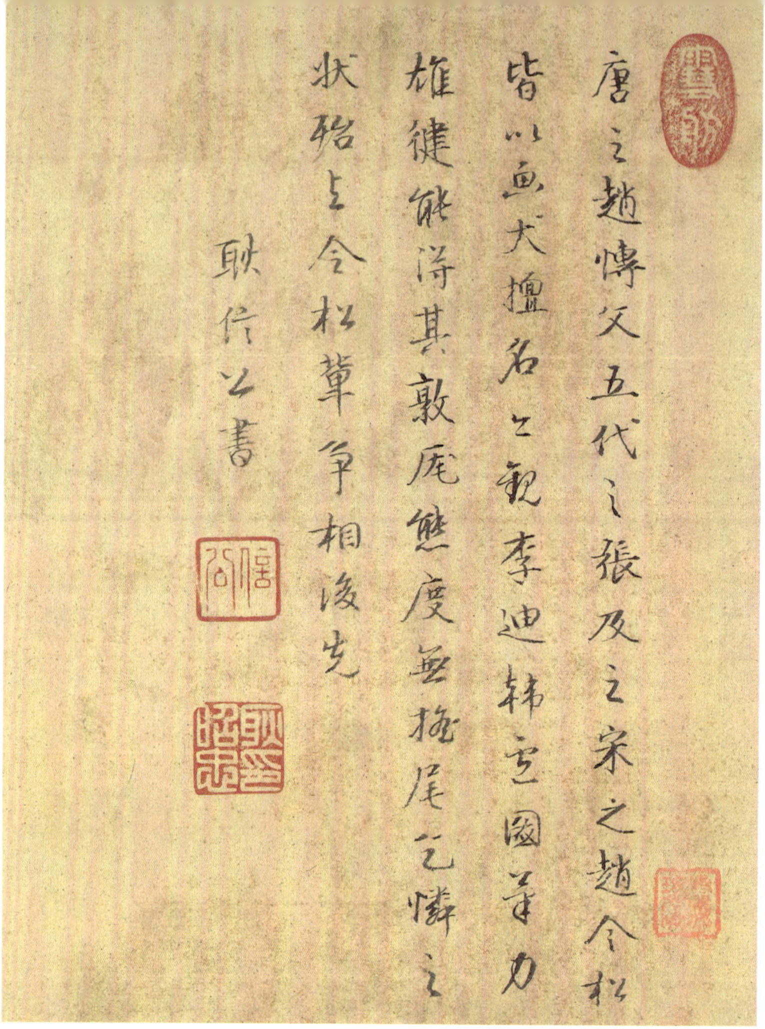

们看看东坡先生的词，放飞下心情。”

结果他随手一翻，“老夫聊发少年狂，左牵黄，右擎苍。”多么蓬勃的意气啊，这回祖父总高兴了吧！没承想李迪竟一下子湿了眼眶：“那日我晕倒前画的便是只猎犬，它那么乖巧温顺，又通人性……”

小孙子一听赶紧拍拍李迪的后背，只得顺着说："是啊，那天您晕倒，还是它跑到画室外汪汪大叫，用嘴去拉扯旁人。"

李迪眼睛睁得老大，吸了吸鼻子："我乏了，你先去吧！"

小孙子战战兢兢地拿着诗词书籍赶紧跑了，既懊恼又悔恨，自己这一来把祖父的伤心事全勾起来了，让父亲、叔伯知道后，还不得训斥他。

李迪心有郁色，闷闷不乐地午休了片刻，起身后走到院里赏花，忽地听到犬吠的声音，再抬头时一只黑色的猎犬竟满脸喜意地向他扑来。他一愣，怕是在做梦，于是使劲揉了揉眼睛，那犬却是个有灵性的，跑到李迪面前就停了下来，只"汪汪"地叫着，眼神中流露出关怀。

再看猎犬身后，他那小孙子一脸歉意地站着，李迪顿时觉得这生活可算有生趣了。抚抚猎犬背上的毛发，拍拍小孙子的肩膀，李迪开怀地笑了出来。

《猎犬图》是南宋画家李迪晚年的小幅画精作之一，现藏于故宫博物院。图中的猎犬形态生动，造型精巧。猎犬体型虽瘦长但体魄强健，通身的毛发被梳理得油亮，一看就知道非寻常人家之物，应为宫廷御用猎犬。画者将猎犬身上毛茸茸的细发、微眯的杏核眼、半连珠状的脊椎关节和壮实的脚爪勾勒得清晰可见，十分细致。在细腻写实之外，画家将猎犬矫健而闲雅的神态，通过前倾的步伐，表现得淋漓尽致。这幅画具有典型的宋代宫廷作品审美趣味，不仅有美妙的形态，而且有神韵。细看之下，猎犬脖颈处带有标识项圈，这也侧面反映了宋人养犬的风气。

犬灵敏机警，忠诚纯良，所以旧时的大臣常以“犬马”自喻，以表示对君主的忠诚。从历朝历代来看，中国古代的养犬之风一直兴盛不衰且呈直线上升趋势。

战国时期，古人就已将犬带到了战场，此时出现了中国最早的“警犬”。不过，当时并未出现“警犬”一词，仍然叫“狗”。《墨子・备穴》中记载：在攻防战中，守方为防止敌方从地道攻入城来，于是也在自己城内挖洞穴筑垒，以便随时探听敌人挖地道的动静。这时在穴垒中各放一狗，狗吠即代表敌人来袭也。

唐朝时，“警犬”一词正式出现在书面上，唐代杜佑所著的《通典》中有记载：为防止敌人夜袭城池，每三十步悬挂一大灯在城墙上，并设置岗哨，每一个岗哨再配备一只警犬，犬吠之处须加备脂油火炬。用警犬配合大灯照明来监视敌军，只能说古人的智慧值得钦佩。

宋朝军队中的警犬，还配备了专业的驯犬师。除了为军事警备服务，宋代犬只的主要用途还有看家防盗、宠物、食用和狩猎等，宋时的乡村里，群犬争吠是常见的景象。宋人养犬也非常讲究，

《宋史·艺文志》收录有《相犬经》一卷，虽已失传，但能充分地说明，宋朝时期养犬是有理论指导的，而非胡乱散养。

苏东坡出门狩猎的时候，左手牵着的“黄”，就是打猎时的必备神器——猎狗。这种狗强壮健力，行动敏捷，还善于扑咬，所以深得“猎人们”的喜爱。

犬类作为绘画专题最早在北宋《宣和画谱》中的“鸟兽”一门里出现，宋代宫廷画家李嵩、赵永年等都是画犬的专家。此时的犬画作品主要表现的是人犬交流互动、人犬相依相伴，或者犬忠心护卫主人的主题；绘画中犬的形象体现了宁静安闲的生活状态。

在家休养的李迪刚想领着猎犬出门聊发下少年狂，就被一众子孙逮到了。在展开了几轮口舌大战之后，子孙们终于妥协，让李迪画一幅《猎犬图》以打发时光。李迪抱着猎犬的头，悄悄耳语道：“嘿嘿，其实我压根没想真出去，终于可以为你留一幅画了，老伙计。”

# 王居正
# 独特的仕女图专家

## 《纺车图》 编织繁华的纺线

如今，王居正一听见“吱扭吱扭”的声音，脑子里便显出一幅场景——寂静的夜色里，弯弯的月牙挂在树梢，穿过窗台洒下一片

银光，一盏小小的油灯摇曳出昏暗的微光，墙上映着一个摇动木轮纺线妇人的剪影。那妇人就是他的母亲。

父亲还未在绘画界闯出名堂时，王居正的家中生活算不得富裕，勤劳的母亲扛下了家庭的重担。白天操持家务的她，夜晚就纺线织布补贴家用。那时，年幼的王居正半夜惊醒，睁开蒙眬的双眼，总能听到母亲温柔地叫着他的小名：“睡吧，憨哥，母亲在呢！”

转眼又到秋末之际，伴着凉爽的秋风，王居正来到郊外田野散

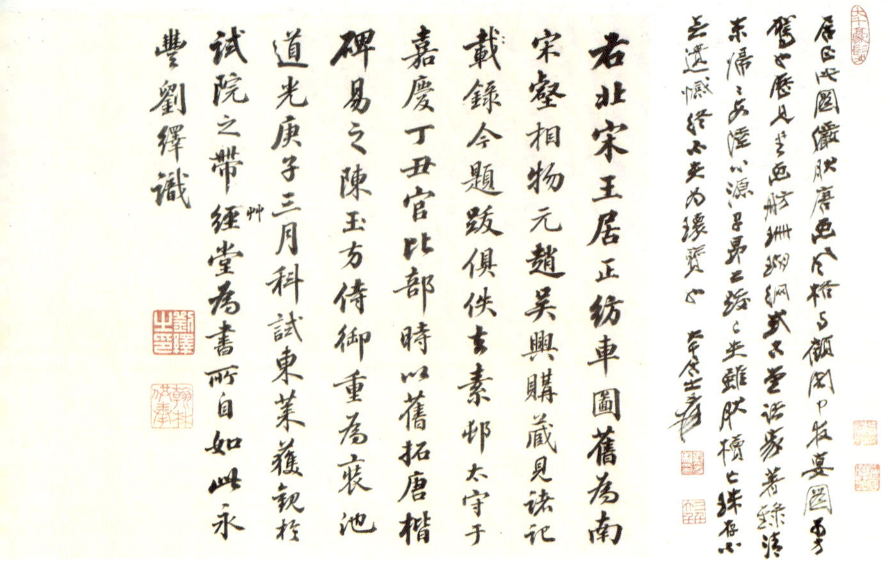

心。走过青翠的麦苗田地，还未到场院，王居正就听到了一阵犬吠声，竖耳再一听，这犬吠的间隙还有孩童的欢笑声，以及那熟悉的“吱扭”声。王居正神思了许久，绕过堆得高高的谷仓，这才看到一老妇人正站立在一旁，手里拿着一个线团，线团分成两条细纺线向外牵引，线的另一端是坐在板凳上手摇纺车的妇女。摇纺车妇女的怀中有一名横躺的婴孩，似乎正在哺乳，那孩子被外衣罩着只露出头顶在外。妇女身后稍大的儿童，正拿绳索牵着一只蟾蜍嬉戏，蟾蜍一叫一跳，儿童也趴在地上赶紧跟着效仿，将自己逗得哈哈大笑。那黑狗看到蹦来蹦去的蟾蜍竟害怕地跑到远处，只一个劲地“汪汪”叫着。

跟他笔下的历代仕女画相较，这两位普通的女子没有称得上娇美的相貌，反而是艰辛的生活令她们的相貌充满了沧桑。她们的衣裤上都缀满了补丁。而王居正却从那长长的纺线里回忆起了往昔，感受到了农家人深沉朴素的爱。

王居正，乳名憨哥，河东（今山西永济）人，北宋著名画家王拙之子，丹青有其父风范，父子二人在当时的画坛都颇具名声。真宗大中祥符年间（1008—1016），王居正被朝廷招募到汴京，参与皇室宫殿的营造工程。王居正善画仕女。他在作画前反复观察，沉思静虑，能真实地展现人物的精神状态与面貌。因此他笔下的人物生动形象，极为精细。

故宫博物院藏有一件王居正所绘的手卷《纺车图》，画中描述了空旷的田野里农家妇女辛勤劳动的情景。画者笔下的手摇纺车是最为原始的机械形态。细看，粗糙的车架上还留有树眼，和农妇身下坐着的小板凳质感相同。这似乎在无声地说明，板凳与纺车一样都是贫寒农家自制的简易工具。这种简易的家庭纺织，没有纺织作坊的规模，也并非出于买卖的商业目的，而是乡村田园生活里简单的自给自足。

手摇纺车本不需两人协同操作，但画中这架特殊的纺车把纺锭移到纺车背部，迫使村妇需要老妪的帮助。除此之外，村妇的臂弯中横抱着一个吃奶的婴儿，也就无法腾出这只手去摇纺车，那么老

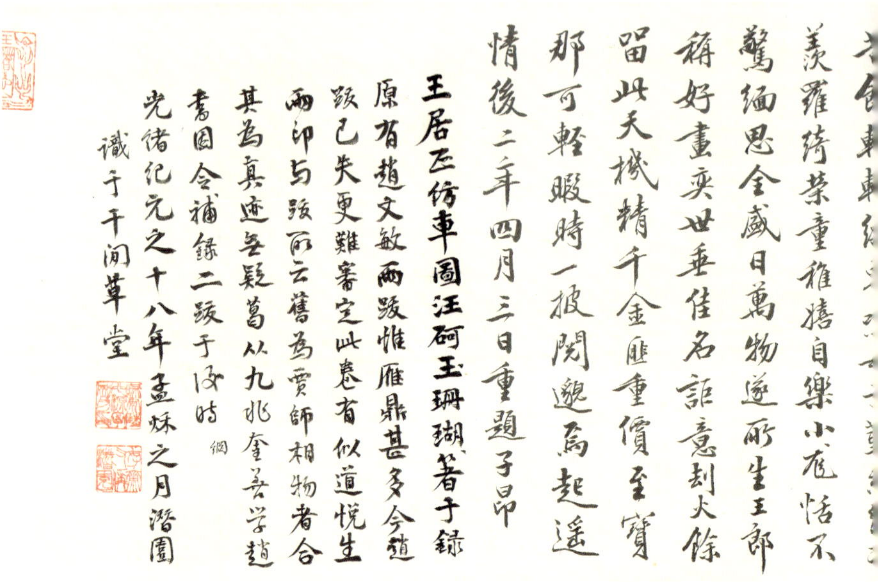

妪作为帮手出现，便在情理之中。女子破旧却干净的衣衫上衣纹紧凑，可以看出她正竭力用蜷曲的上肢环抱着怀里的婴儿，生怕孩子从自己身上滑落。小童的欢乐、小黑犬的活泼，也为这忙碌的劳作增添了乐趣。吃奶的婴儿、摇车的村妇和手拿线团的老妪代表着祖孙三代，正努力协作着创造美好的幸福生活。那根长长的纺线，勾勒出了一幕纺织不辍、婆媳协作、自给自足的朴素农家生活。

那么画中的纺车纺的是什么呢？

在商业经济与文化高度发达的宋朝，纺织业也达到了巅峰。走低调奢靡路线的宋人，在服装原料上多有钻研，除了“绫罗绸缎”，

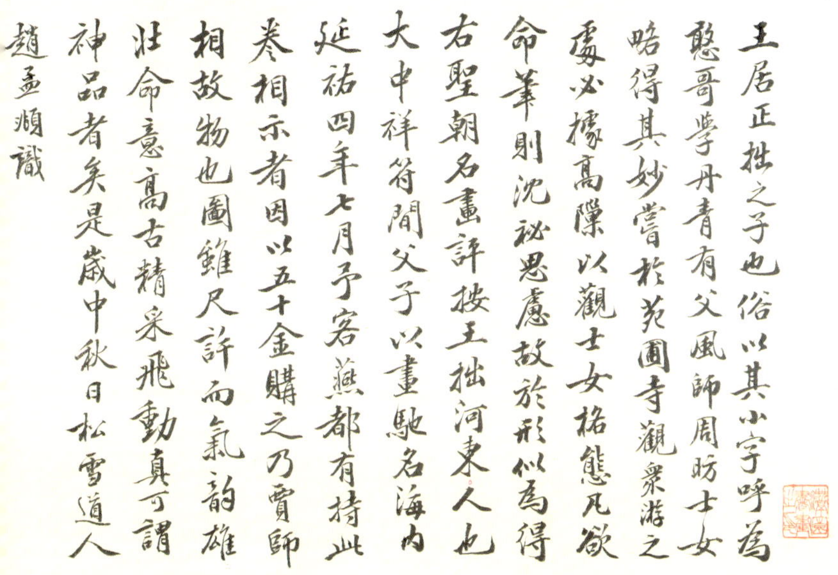


宋代丝织品的种类还有织锦、织罗、纱、绢、缂丝等，其中以“织罗”为最高技艺。这种轻薄透气的高级丝织品也被称为“宋罗”。

除了皇室特供的高级“织罗”之外，“织锦”“缂丝”在当时也十分流行。织锦外观绚丽多彩、花纹精细高雅，是宋朝贵族妇人与富裕家庭的最爱。观赏性与制造难度双高的缂丝被誉为“织中之圣”，不过因为“一寸缂丝一寸金”的高昂价值，寻常的宋朝人家对缂丝也只能望而却步，无奈远观。

除了拥有悠久历史的丝和麻，宋朝的纺织原料还有棉花。汉代时，棉纺织品在中原地区也属于稀奇珍贵的物品。到了宋代，随着边疆地区与内地的频繁交流，棉这位纺织原料中的后起之秀开始大量输入中原，这朵柔软的洁白的花也逐渐温暖了宋人的心。

丝、棉、麻这三种织物都要用到纺车，但纺织流程不同。丝织物主要利用纺车进行并丝、加捻；棉、麻织物则需要利用纺车把棉、麻原材料纺成棉线或麻线。比起价格昂贵的丝，民间百姓的衣料主要是麻与棉。宋元以后，棉纺织工艺在大江南北流行开来，逐渐成为纺织的主流。因此可推测得知：《纺车图》中的妇人纺的极有可能是麻。

“憨哥，你这《纺车图》中的蟾蜍为何乍一看只有三条腿呢？”王居正正在与母亲灯前赏画，听到母亲此言，他竟抿嘴一笑：“这不，我小时候您总说，三条腿的蛤蟆不好找吗？”母亲一愣，也随着王居正笑了起来。

## 《调鹦图》 宋代繁荣的宠物市场

天色刚微亮，经营着一家宠物商肆的李掌柜，特意从自己衣橱里翻出一身平日里舍不得穿的丝绸衣裳，拿上鸟笼，带上他店里最聪明的鹦鹉来到贵人府前候着。

李掌柜理了理身上没来由产生的褶皱，又深呼一口气，而后才抬手扣门上的衔环。衔环敲击着木门发出低沉的碰撞声，“吱呀”一声，朱红色的门轻启一道门缝，李掌柜身子前倾，刚想介绍自己，仆从就敞开了门，热情地招呼他：“李掌柜，快快有请，姑娘一早就盼着您过来了！”李掌柜紧张的心绪顿时减轻了不少，不愧是簪缨世家，连仆从都如此有礼。

作为一个懂规矩的伶俐人，自进入宅子里，他的头就一直低垂着不敢抬起，生怕冲撞了贵人。直到走过花园，李掌柜才敢用余光微微扫了扫园林里的装设。只见院内佳木茏葱，奇石掩映，鲜花烂漫。一带蜿蜒的清流，在繁茂的草木丛中穿过，又从假山高处倾泻到石隙之下。再向前数步，两边飞楼插空，雕楼绣槛在园林之间隐现。就连那筑在水上的白墙上都被砌成高低起伏的波浪状瓦片，真是典雅精致。自认也看过不少富贵人家的李掌柜，直咋舌："今天可真是开眼长见识了。"

过了一个月门，沿着雕栏一直向前走，仆从停下来温和提醒道："李掌柜，这便是姑娘的院落了。"李掌柜刚想垂身行礼，就听一个温润的声音响起："李掌柜不必客气。"李掌柜抬头一看，只见贵人穿了一身淡色襦裙，披一水绿褙子，笑盈盈地坐在雕花榻上，说话间将手中的书卷放置在了案桌上。那榻与屏风连为一体，屏风后有梅花的暗香浮动。这份风度雅致无不让人钦羡！

"闺中密友们都说您那里的鹦鹉极聪慧，最适合我这沉闷性子了。"

李掌柜将鹦鹉放到胳膊上，谦虚地回道："能得贵人们的喜爱，是这鹦鹉的福分！"

哪知一路安静的鹦鹉竟在李掌柜胳膊上展了展翅膀，尖声叫道："福分，福分。"姑娘被这突如其来的学舌逗得一笑："瞧，果然是个机灵的。"

李掌柜还未回话，这鹦鹉又兴奋地说："机灵，机灵。"

姑娘干脆冲鹦鹉挥了挥手："小鹦鹉，来我这！"话音刚落，这机灵的鸟儿竟真飞向了姑娘处，落在了一旁的案桌上，歪着头看着姑娘。虽说知道这家伙聪明，可还是惊得李掌柜出了一身冷汗，生怕这鸟儿惹出祸端来。

"这鹦鹉我着实喜欢，还烦请李掌柜跟我说一说日常照料它的注意事项。"

一盏茶后，日光渐暖，李掌柜跟着仆从去账房支取银子。而平时知书达礼的姑娘正和鹦鹉逗玩，玩得欢乐呢！

团扇作品《调鹦图》，现藏于美国波士顿美术馆。旧传为北宋画家王居正所作。

画中有两个人物，女子在左幅，手持鹦鹉的男子在右幅。但让人匪夷所思的是，画中本应清瘦纤细的女子却比男子"壮"了一圈，大了近两倍。其实这与画中主人公有关，作为仕女题材的纨扇作品，画作的主人公当然是女子；再从人物的服饰、站坐姿态，以及画中背景来看，此图中两人身份明显不同。在讲究尊卑的古代，身为主人公的贵族仕女当然要被详细地突出地描绘啦。

鹦鹉作为闺中爱宠，历史悠久，最出名的故事还要数杨贵妃和她的爱宠“雪衣娘”。据唐人郑处诲撰写的《明皇杂录》记载，杨贵妃所养的这只白鹦鹉名为“雪衣娘”，它能言善记，不但会背诗，还能帮皇上及贵妃在与诸王游戏时耍赖。最神奇的是，它甚至还能预言自身的命运，真是神乎其神。

到了大宋时期，宋人养玩鸟兽已经成为一种风气，宋人的养宠对象也不再局限于猫狗，鹦鹉就在闺阁之中十分受欢迎。宋人对于宠物的选取，也有十分独到的见解。

为彰显独特的高雅品味，文人们将动物赋予了文化符号。他们认为众禽中只有鹤、鹭，高逸清远，可以归为闲野不俗的一类。北宋时期的圆通禅师，在寺院里饲养了猿、鹤、孔雀、鹦鹉、白鹇，单从这几种动物的选择上就能看出主人不是庸俗之辈。禅师为这五种动物起名为“五客”，并与它们为伴。在超脱红尘之外，与动物相守，清修的同时又多了些热闹，也是人生的一大幸事。

北宋徽宗时期由官方编撰的宫廷藏画目录集《宣和画谱》中，有禽兽画 324 轴，花鸟画 2786 轴。这庞大的畜兽、花鸟作品，也从侧面反映出画师们对这类动物的喜爱。

宋朝的宠物市场十分繁荣。据载，每月相国寺这个北宋最热闹的超级市场上“皆是飞禽猫犬之类，珍禽奇兽，无所不有”。北宋太宗至道年间（995—997），汴京城里有卖鹑的商贩，用大车载入城内出售鹑，因数量太多被积压的鹑一只才值两文钱，十分便宜。当然也有较为珍贵的品种，北宋哲宗元符年间（1098—1100），来自南海诸国的倒挂雀被炒到了“一雀五十万”的高价。

北宋前期，作为地方上供皇家的祥瑞之物，绿毛龟的价格曾高达数十千。有生意头脑的宋人很快就嗅到了商机。到了北宋中后期，卖绿毛龟的商家已不可胜数，以至价格一落千丈。一次苏东坡拜访吕大防，看见吕家养在盆里的绿毛龟，还说了一句：“此物现在非常轻易就能得到。”

宋代宠物系统非常完备，除了丰富的宠物种类，各类的宠物配套设施也应有尽有。夜市里“促织笼儿”摊位上，只笼子材质就分为银丝、竹、金漆等。宋时还出现了以驯化宠物为生的行当。

王居正拿着画笔正在构思，一只鹦鹉拍拍翅膀飞到他肩膀上，叫着：“仕女，仕女！”王居正略一沉思，呵呵一笑：“鹦鹉和仕女，可不就是最佳搭配。”

# 米芾
# 全能狂人

## 《云起楼图》 重度洁癖症患者“米颠”

要论“北宋四大书法家”中谁的才华最高，世人恐怕难以裁断；但要论四人之中谁最怪异，谁最癫狂，则除了米芾，别无他选。

要说年轻时的米芾，那也是眉目清秀、气宇轩昂的潇洒英俊文士一枚。但这位才华横溢的大书画家，不但浑身上下散发着桀骜不驯的气质，而且还有许多怪癖。身为宋人的他，却总是穿戴着唐人衣冠出街，在众人的围观指点下，他没有丝毫羞怯，反而为超高的回头率自豪。米芾还有一个爱好——“拜石”，他一生痴迷于奇石，为此闹出过不少笑话。有次米芾发现了一块奇特的石头，还特地叫人拿出官服穿上，郑重地对着石头跪拜行礼，并称这奇石为多年不见的兄弟。

米芾还是个有着重度洁癖的人，他从不与人同巾同器，而且一言不合就要洗手。洗手还不愿用水盆，要用流动水。

即一人拿着水壶倒水，他用手接着水流清洗。洗完手后他也不擦拭，而是用拍手的方式自然风干。深度洁癖的米芾办起事来也不靠谱，在为女儿择婿时，他一听对方叫“段拂”，字“去尘”就乐了：“拂过一遍，再去一下尘，这么讲卫生的人，一听就是我米芾的女婿！”于是，压根没考察这人的人品性情，就立刻拍板择了这个“干净”的人为婿。

洁癖不可怕，但为此得罪上司丢掉工作可就尴尬了。米芾在担任太常博士一职时，每天要穿固定的官服，官服一旦穿出了门被尘土沾上分毫，或者被别人触碰过，米芾就无法忍受。于是频繁地搓搓洗洗，时间一长，官服上的藻火（花纹）都被洗坏了。最后他被人诬告了个毁坏官服的罪名，受到了降级处分。怪不得当时的人给他起了个外号叫“米颠”。

作为北宋著名的画家，米芾创造了“米氏云山”的画法。自由不羁的他不喜欢层峦叠嶂、雄伟刚健的北方山水，他更欣赏的是江南水乡富于变化的“烟云雾景”。《云起楼图》就是米芾追求自然艺术风格的典型代表作，画中描绘了雨中青山的秀丽风景。该画现收藏于美国华盛顿特区弗利尔美术馆。

清晨，沉迷于作画写字的米芾猛然抬头，透过窗户，发现竟已天明。抬眼望去，云烟弥漫，而顺着云烟的方向一直遥望，只见山峦之间云雾缭绕，连绵起伏的群山也在这轻纱中躲起了迷藏，却不料清风一来，揭开了山间阁楼的一角。如此诗情画意的场面，让米芾不由得看痴了。大自然的奇幻给予了米芾灵感，而米芾也为这幅《云起楼图》注入了自由轻快、随心所欲的灵魂。

观此画，观者的目光被聚焦在近景处，而后随着画者笔下的云烟向远山望去，让人不知不觉沉浸其中。画面中景处，群山古木遍布的山顶掩映着一两座院落。这院落与葱郁的山林在烟云的糅合下似乎成了一体。立身于院落，向下可眺望壮阔江景，远观可俯瞰烟云变幻的山峦。画中的院落从景致来看，极有可能是米芾位于润州（今江苏镇江）北固山的故居“海岳庵”。

《云起楼图》又名《天降时雨图》，画者采用了典型的“米氏云山”画法——以墨点晕染的方式描绘山水。圆弧形的山头积墨浓重，表现出空间感，而山腰以下被淡墨晕染的烟云隐没，整幅画呈现出空远的幽深缥缈之意。

米芾流传下来的画迹很少，但他却将自己收藏、品鉴古画，以及自己对绘画审美的偏好、创作心得等，著成了一本《画史》。

《画史》大约在 1101 年前后写成，米芾在这本书中将平生所看到的名画逐一罗列，然后赏析古代画法、名家技巧风格，品评优劣，鉴别画作真伪。书中还详细地记述了画作藏处，也记录了一些当时画坛上的逸事秘闻，具有重要的文献资料价值。

但要说起专业的绘画著作，应首提唐代的张彦远，他的著作《历代名画记》可以说是中国历史上第一部真正意义上的绘画通史。那么宋朝著名的绘画专著有哪些？

宋真宗郭皇后的侄孙郭若虚，因感慨自唐代张彦远《历代名画记》以后，缺乏完备的绘画史，所以编写了中国绘画史上的另一部重要文献——《图画见闻志》。这部书记载了唐会昌元年（841）至北宋熙宁七年（1074）之间的绘画发展史。

大宋自建国初期，就十分重视人文发展，故而古书画搜访工作早就被提上了日程。宋徽宗时，由官方组织人力，将内府所藏的历代名家画作收集整理，编撰成了《宣和画谱》。《宣和画谱》中记录了宋代宫廷绘画品目，还具有主张绘画的社会教育作用。

此外，宋朝的绘画专著还有邓椿的《画继》、刘道醇的《五代名画补遗》和《圣朝名画评》，以及黄休复的《益州名画录》等，这些著作反映了宋代书画理论的显著成果。

郭若虚在《图画见闻志》中将画家李成、关仝、范宽列为“三家鼎跱，百代标程”，对董源、巨然评价却不高。但米芾却持有不同的意见。他认为董源的画“平淡天真多，唐无此品，在毕宏上，近世神品，格高无与比也”，“不装巧趣，皆得天真”；巨然的画则“明润郁葱，最有爽气”。此说虽有抬高巨然的嫌疑，但对于师法董源的米芾来说，肯定董源的画风就是肯定了自己的品味。

“父亲，官家诏封您为书画学博士，要看您的画，您却拿儿子的《楚江清晓图》给官家看，这怕是不妥吧！”米友仁恭敬地站在一旁对米芾说。谁知米芾听了竟爽朗一笑，拍拍儿子的肩膀，说道：“为父以后得官家鉴赏书画的机会还很多，你这画完美展示了米氏云山的特色，不给官家赏析一下也太可惜了！”米友仁只觉心中一热，顿时觉得万分感动。米芾拿着画先淡然地踱了几步，而后匆匆跑了起来。“哎哟，这样骗自己的儿子，好吗？不管了，我可不舍得把自己的画献出去。再说了，坑的又不是别人！”米芾心里一想，顿时松快了。

## 《春山瑞松图》 独树一帜的“米点”技法

他是苏东坡的迷弟，为了见到偶像，曾经不远千里奔赴黄州，去拜访被朝廷下放“劳动改造”的苏东坡。但即使面对自己无限崇拜的大师，他也不曾执弟子礼，只是恃敬前辈而已。不过好在苏东坡对此并不在意，反而认为他是真性情。他就是全能狂人——米芾。

米芾的狂傲不分场合和人群。一天，宋徽宗召米芾写字的时候，让他评价一下当时有名的书法家。米芾毫不客气地点评道：“蔡京运笔不佳；蔡卞的字没有神韵；蔡襄的字呆板像刻出来的；黄庭坚笔力弱，像在描字；苏轼下笔重，犹如画字。”不过这些评论相对来说还是比较委婉的。因为米芾还将“楷书四大家”之一的柳公权喷得一无是处，直言柳公权是丑书鼻祖。但米芾还是有狂妄资本的，他的书法被誉为“集古字”“圣品”，可见其书艺高超。

米芾不仅是一位书画双绝的艺术家，同时还酷爱收藏，精通书画鉴别，是北宋著名的大收藏家。米友仁在描述米芾的日常

石渠寶笈
御書房鑑藏寶

起居时曾说道："父亲白日里将那些收藏来的晋唐真迹放在书桌上，手不离笔地临摹学习，夜里则将这些心头好小心翼翼地收在小箱子里锁上，放在枕边，如此才能睡得着。"为了拿到心爱的书画，米芾不但挥金如土，而且差点将命都豁出去了。

一日，米芾和好友蔡攸一起坐船游湖，蔡攸拿出他收藏的一部名帖邀米芾一起鉴赏，米芾看后大为惊叹，甚是欢喜。于是，开始和蔡攸软磨硬泡，想用自己的藏品与之交换。谁知蔡攸并没有在他的苦苦哀求下动摇，对名帖势在必得的米芾只好以命相逼："你要是不答应，我就跳湖！"话音刚落，米芾激动地跑到船边，大喊大叫，船身也跟着摇摇晃晃，吓得蔡攸连忙拉住好友："送你，送你。"米芾立马喜上眉梢，将名帖牢牢抱在怀里。

为了得到梦寐以求的书画，他还会使出"掉包"的伎俩。米芾在涟水当官时，遇到一人在卖戴嵩的《牛图》，心中十分喜爱。但无奈这幅画价值连城，他又囊中羞涩，根本买不起。于是他便对卖画人说暂借几天观赏，日后奉还。米芾拿到画后立刻临摹了一幅，而后将临作归还给画主，自己留下真迹。过了几天，卖画人找上门来，说他还的是赝品。米芾听后大吃一惊，连忙追问他，这幅自认为天衣无缝的临作哪里有误差。卖画人是又好气，又好笑。说道："真本的牛眼里有牧童的影子，而你的这幅画里牛眼中什么都没有。"马失前蹄的米芾只好尴尬地将真品还给了人家。

米芾仿的画虽是“假的”，但对于书法、绘画的热爱却无比真挚。他开创的“米氏云山”，注重意境的营造，引导了后世山水画风的改变。而他的长子米友仁也衣钵相承，成为知名的大画家。

米芾的绘画题材十分广泛，人物、山水、松石、梅、兰、竹、菊几乎无所不画。《春山瑞松图》集山水、烟云、松石于一画，称得起米芾山水画卷中的杰作，此画现为台北故宫博物院所藏。图中描绘了云雾浮动下青山密林湿润、静谧的景色。那飘动的白云遍染山谷，远山的顶峰在云端耸立而出，近处有数株郁茂挺拔的古松在迷雾中隐显。最妙的是那松下的一座小亭，用寥寥数笔简单勾勒，却将空灵的境界烘托到极致。

山峦先用青绿晕染，又加入独树一帜的“米点”技法，不再采用寻常的线条勾勒来体现峰峦、云水、树木。在米芾的笔下，点几乎就是画中全部造型的起源。这个也被称为“落茄皴”的米点，严格来说就是一种用“点”代替前人“皴”的写意技法。将圆深的横点错落排布，然后积点成片，再融合泼、破、积、渍、干、湿的技法，渲染山林云烟的神韵。

不过这种完全放弃旧派画法的独创，远远超过了同时代人的眼界，所以米芾的自由写意法并没有得到大家的欣赏，甚至遭到众人的耻笑，“人往往谓之狂生”。

要说起狂生米芾的“污点”，首推作伪，不过在宋朝这个书画作伪达到高潮的年代，这个“污点”不过是时代的映照罢了。商品经济高速发展的宋朝，极力地促进了市民文化的繁荣，而书画艺术也得到了较大的施展空间。著名的书画家宋徽宗赵佶，作为国家的统治者，他因个人喜好而发布的一系列官方举措，让创作书画成了有系统、有组织、有规模的官方行为。不但贵族高官喜欢鉴藏字画，就连寻常的市民、商户也都养成了购买字画珍玩的风气。汴京城内书画交易市场趁着这阵东风也火热开业，书画开始作为商品流通。

据记载，宋代著名的大相国寺殿后集市和潘楼东街上，无论小摊还是店铺，都在销售书画珍玩。艺术品交易的需求和金钱的驱使，为书画作伪提供了温床。尤其是民间崇尚的名家书画，更是成了作伪的重要对象，以致如米芾所讽刺的，世人见牛即命为韩滉、戴嵩所画，胡乱冒用名家的名字，蹭名人热点。可见作伪现象在当时的书画市场已有泛滥之势。

在宋代画名颇盛的五代山水画家李成，他的作品被仿作成不计其数的赝品在市场上流通，怪不得拥有火眼金睛的辨伪高手米芾在书中感慨地说，在其所见三百余幅作品中只见两幅真迹，多为欺世盗名之作。

宋代不仅伪作前人的作品，就连同时代的著名书画家的作品也没能逃脱被作伪的命运。宋代的作伪手段在专业和多样化的道路上不断精进。除了原始的临摹外，还有对原作施以技术性改动、揭画、作品拼接等手法。

在宋代甚至还出现了书画代笔现象，其代表人物就是坐拥国库的“大佬”宋徽宗。他曾对外宣称自己的作品收在内府的有千册之多。但经后世考证（打脸），这些所谓御笔作品的一大部分都是由当时的宫廷画家代笔的。

不过，宋代的作伪也有不以牟利为目的的。宋代翰林图画院中设置了专业的临摹部门，在这个分部工作的宫廷画师，专门负责临摹内库所藏书画珍品。他们将那些时代久远、品貌残缺的书画临摹下来，供人欣赏、学习。

米芾看似癫狂，但在艺术这条道路上却全面开花，甚而呈现出了别样的风采。这样的“怪”与“狂”，也许只是因为热爱得太纯粹、太痴迷。

# 贾师古
# 画红人不红

## 《岩关古寺图》“无是妙有”的禅画情意

“过去种种，譬如昨日死；未来种种，譬如今日生。”年轻的小僧人耳畔又回响起当年师父为他剃度时说的话语。

暮色如一张灰色大网，悄悄地洒落下来，夕阳留下的点点余晖缓缓沉寂，直至消失殆尽。年轻的僧人和他的师父已行走了数月，踏进山林也已经有数十日了。他们一路风尘仆仆从北方来到江南，师父没有说此行的目的地，他就权当是一场漫长的修行。只是当没有希望的夜晚再一次降临，他心中不知怎么就被烦恼的思绪缠绕上了。

年轻的僧人悄悄地快走几步，走到师父身边。师父正一边走路一边微眯着双眼诵吟佛经，虽穿着薄旧衣衫，消瘦的身体有些佝偻，但他的脸上满是肃穆庄严。年轻的僧人踌躇了半晌，生怕自己惊扰了师父的修行。

“徒儿，可是有话要说？”

“师父，我我……哎！”年轻的僧人挠着头支吾了半天，脸憋得通红，没有说出话来。

老僧人淡然一笑，脸上一片和蔼：“徒儿可是想问此行的目的？”

年轻僧人一怔：“徒儿心绪不稳，有愧师父平日的教导。”

老僧人抬眼望去，远方连绵起伏，仿佛没有尽头的山川在夜色的笼罩下，显得如此静谧又让人心生畏惧。“为师修苦行一道，早已断了红尘俗念，一直过着居无定所、漂泊流浪的生活，但佛法无边，仅仅依靠自己的钻研，是无法参透的。”

年轻僧人豁然开朗，激动地说：“您是说咱们要和其他的大师交流？”

老僧人点了点头，望着悄然的夜色，眼神微定。

年轻僧人只觉得浑身都是劲儿，他听说过自从官家在临安建都后，诸多大师也纷沓而来，临安城内佛门大兴。只是他从来没想过，一向和周遭事物隔绝的师父，连行囊都没背，竟是来寻找佛门圣地，问道来了。“师父您累吗？夜色还浅，咱们再赶一会儿路吧！”

看着一脸急切的年轻僧人，老僧人答了一声：“好。”

寻求佛道的过程是如此漫长，但只要出发，路就在那夜色阑珊处，就在脚下。

贾师古，高宗绍兴时为画院祗候。善画道释人物，颇有闲逸自在之态与古雅之风。他的山水画笔性坚硬粗犷，与萧照风格相近。他的弟子梁楷，在后世也颇负盛名。

清代著名书画家笪重光在其著作《画筌》中，谈起了中国画的审美需求。他认为像密林的阴影与山外的清光这类无形的景象是最难刻画的，要想展示出这些景象，就要以有形表无形，以无形衬有形，如此虚实相生，无画处也成了妙境。这种“缥缈虚无，咫尺间觉千里为遥”的意境，在贾师古的《岩关古寺图》中可窥一斑。

《岩关古寺图》纵 40 厘米，横 40 厘米，现收藏于台北故宫博物院。图中，夜幕即将来临，夕阳的余晖铺洒在山头，画幅上半部完全空白，构图有马一角的清远风范，而令人惊奇的是画中右下侧除底部外也是空白。总体来看，画卷中清空的地方几乎占据了整幅画面的五分之三，但留白越大，衬得这方天地愈加宽广，小小的纸幅悠然间容下了整片天地，深广的感觉陡然而出。

画幅左下角画有虬松林立于山中，崎岖的山路上披满劲硬的山草。画者用简单的笔触点簇出两个苦行僧模样的人，他们着装朴素，后背微驼，身体向前倾斜，腿部弯曲，异常清瘦。他们所踩的山岩下，是泛起滔滔波浪的江水，那江水拍打着峭壁，来势汹涌，颇为险峻。峰回路转的山坳处，古木垂阴下，有一寺庙。寥廓的江水，苍茫遥远的天空，与高旷的古寺形成鲜明对比，突显了古寺超凡脱俗的清幽感。但古寺远方又有山川隆起，山峦之间隐现着一座城池——岩关。岩关之后又有陡峭大山。那苦行僧脚下的路似乎无法穷尽，是如此的遥远。全图缔造出了“空是实存”“无是妙有”的禅画情意。

僧人与古寺这两个意象似乎颇受宋代画师的喜爱，这种喜爱甚至逐步发展成了一种时髦的题材——禅画。但推动这股潮流发展的根本却是当时的国家政策和社会风向。

自临安被立为南宋都城后，大量的北方人口奔涌而来，而与东京官民一起南迁的还有北方的科学技术、社会风俗、文学艺术、宗教信仰等，这就使得当时的临安一跃成为人口超过百万的繁华大都市。

南渡以后，宋高宗对佛教采取了不发扬、不毁灭的中立政策，但为求控制僧尼人数，曾停发过象征僧人身份的度牒。同时，一穷二白之下还要筹集资金抗战并养活大臣的高宗，把圈钱的主意打到了江南这二十万僧人头上。绍兴十五年（1145），高宗下令天下僧尼都要交免丁钱，“自十千至一千三百凡九等，谓之清闲钱，年六十已上及残疾者免”。要知道，古人们出家除了自身信仰，也有为了在经济上获得好处才踏入佛门的。高宗此令一出，不但能捞钱，还能防止那些用心不纯的人出家为僧。

不过再往后的南宋帝王大都崇信佛教，如孝宗提倡“以佛修心”的政策。光宗以后，奸臣史弥远、贾似道等把持朝政，优容佛教。而佛教僧人便在朝廷政策的扶持下，大举扩建寺庙古刹。

据记载，南宋时只临安辖域内就共有寺、庵六百余所，其中寺院达到了近五百所。此时，临安的寺庙无论从数量上还是规模上，均在当时的全国范围内遥遥领先。因此，确立了全国佛教中心地位的临安，也获得了“江南佛都”的美称。

“师父，岩关古寺里竟然有倭国、朝鲜来的高僧。”

“那你除了听经亦可和他们探讨下画技。”

只见那说话的徒儿耸了耸肩，一溜烟地跑了。而被称为师父的人正站在古寺高处向远处眺望，遥远的岩路上似乎有两队藐小的人影正向此处走来。此处的师父与徒弟不是僧人，却是那来听禅语、作画的贾师古与梁楷二人。

# 屈鼎
# 被忽视的大师

## 《夏山图》 湮没在画史里的“燕家景致”

郁郁葱葱的植被覆盖了重重山峦，薄雾绕着崇山峻岭，轻抚着坚硬的山石。一棵棵浓绿正挺的山树，在苍茫雄壮的气势中又带有一丝清雅秀媚。风徐徐飘过，吹拂了江面，却卷不走屈鼎的忧愁。在技巧高超、画技独特、频繁产生新人的时代，身为“燕家景致”的传人，看着一浪翻过一浪的现实，不免内心忧伤。他望着眼前的景致，不由得陷入了沉思……

“燕家景致”首创于北宋燕文贵，他年轻时因为出身军籍，所以在家乡谋了个九品官员的职位，但在四十多年前为了绘画的梦想，毅然放弃了做官，来到了汴京“北漂”。漂泊了许久仍无人赏识的他并没有气馁，迫于生计转型做了街头字画销售员。后来终于碰到了赏识自己的伯乐——高益。燕文贵被高待诏举荐去相国寺画壁画，之后，非常顺利地踏入了国家图画院。

燕文贵的山水画十分有特色，他笔下的北方大川，苍茫雄壮的气势中又带有一丝清雅秀媚，台榭与水岸相接，这独特的匠心和典雅的景色被人称为“燕家景致”。燕文贵早年勤奋效仿前人画作，最终找到了属于自己的风格。他的画风里有山水大师荆浩与关仝的影子，尤其是在绘制山石时，先勾勒出简单的轮廓，接着以淡墨进行渲染，再用短促的线条补充轮廓内容，渲出层次。这种专业的“皴法”将山石的质感展露无遗。

屈鼎就是“燕门”传人，为了不辜负燕文贵的期望，他每日习画从不间断。因刻苦努力习画，燕家的画风、笔法、技法精髓早已刻进了他的脑海，注入了他的灵魂里。屈鼎任图画院祗候时，人们都称赞他“颇得燕文贵之仿佛”，称呼他为“小燕文贵”。

屈鼎曾画有三帧夏景图，虽已录入内府，但在那之前，这组夏景图中的《夏山图》一画，一直悬挂在他书房的墙壁上。这幅作品在构图上，与燕文贵的画作《江山楼观图》《溪山楼观图》等一样，都是横向构图。展开此图，层层叠叠的远山连绵起伏，江水从山坳流出，汀岸处葭荻摇曳丛生，舟屋在其中若隐若现。画幅的主峰屹立在群山中央，高峻的山体在云雾缭绕下更添巍峨的态势。葱郁茂密的树林里、幽静的山间小道上，有旅人漫步的身影，在山谷间隐现的碧瓦朱甍、琳宫梵宇似乎传来了佛音。这些意象和整幅画的意境，都展示了他多年以来追随燕文贵学习得到的成果。

不过，这幅画虽然还是“燕家景致”的经典构图，但屈鼎在林木细节的处理上做了改进。在画树叶与密林时，他采用的结构造型和描绘方式有了新的突破，并将李成、范宽、董源等前辈大家的技法融合在了一起，蜕变出一个新的画风。

屈鼎被燕文贵赞称是“细节狂魔”，哪怕是画中极小的树木、屋宇也能勾画得十分细致，可不要小瞧了这些小细节。如果仔细地端详画中的那些小型建筑物，你就会发现在精细的技巧之外，还藏有一个小秘密，那就是视觉冲击。只要专注地盯着小房子看一会儿，再将目光挪向画中的主山，那么一定会被山体这巍然雄奇的气魄所震撼，这就是屈鼎想呈现的开阔壮丽景象。

虽然燕文贵后来成了画院里资历最老和最著名的人物，但有一些自矜身份的士大夫因他“江湖微贱”的出身，对他的画作并没有认同和欣赏之情。长此以往，曾经备受称赞的“燕家景致”也逐渐衰落。

屈鼎，京师（今河南开封）人，北宋著名画家。仁宗时期为图画院祗候，是燕文贵唯一的传人，许道宁之师。虽然如今他的名声并不显赫，但在宋朝时他可是与百代宗师范宽齐名的绘画艺术家。他工于山水，喜作四时风物之变幻形态，他笔下的烟霞云雾有舒淡清

冷之风，泉石肌理清晰呈凌乱之状。因屈鼎画风与燕文贵极其相似，因此《夏山图》曾一度被指是燕文贵所画，后经专家学者研究，《夏山图》比燕文贵流传下来的画作更为开阔自在，用笔技法上也与燕文贵的作品略有不同，且符合苏东坡对屈鼎绘画“善于布景，涧谷常呈现曲折”的描述，因此《夏山图》最终被定为屈鼎的作品。

“燕家景致”是宋朝初期山水画各类风格融合与过渡的产物。可惜的是，这一派在屈鼎之后并没有坚守许久，便陨落在北宋山水画波澜壮阔的发展历程里了。起初，屈鼎的后人尚能秉承传习下来的“燕家景致”画艺，但后来因生活窘迫，为求画作在市场上快速售出，也不得已去仿效在绘画市场中更受欢迎的李成画风。

“燕家景致”的兴盛与衰落不过是北宋山水画这一壮丽协奏曲中的前奏，它拉开两宋山水画的序幕。当风格各异、技艺纯熟的山水画大师逐一登场，作为铺垫的“燕家景致”留下了浓墨重彩的一笔后，便湮没在璀璨的画史里。

# 郭忠恕
# 率性的北宋界画第一人

## 《雪霁江行图》 界画的前世今生

苍茫的天边，红日渐渐隐落，那漆黑的、呼啸的、冰冷的冬夜，即将降临。幽幽江水，在莹莹余晖的映照下泛起波光。虽风雪已停息了半晌，但奔袭而来的寒气还是让站在岸边拿着尺子绘制草图的郭忠恕有些走神。

他的手冻得有些僵硬发红，正在搓手呵气回神间，两艘大船从江水中缓缓行驶而来，高耸的桅杆被船工用数十道纤绳笔直地绷住，再用绳索牢牢扣住。船舱顶部点缀着一层积雪，平添了一丝静美。船头因下雪的缘故盖上了一层厚厚的围幔，中部舱房占据了船只整体的大部分面积，显得十分宽广。与

大幅何年被
割裂舉繩到
岍沒人牽江
行應淺當雪
霽剩有瘦童
十字全
辛亥新正
御題

之形成强烈对比的便是那略显狭窄的船舷，身材高大的船夫正站在那里撑着篙，奋力地向前划动。将近岸边，船长仍在敬业地掌舵，船只尾部的舵桨一半浮现在水面，一半隐没于流水中，不停地摆动着，船舱上数位船工正在紧张有序地做着收尾工作。大船身后还挂着一条小尾巴——小舟，这小舟可在浅滩处划行登岸，同时也是有备无患的救生工具。紧凑的船只，勤劳的船工让这空荡荡的大江融入了一丝烟火气息，就连空灵的雪景似乎都涌动着一股热情。

“郭先生又来看俺们——这船了！”船工们收拾完毕，看到还在岸边不停挥笔，一副认真模样的郭忠恕，不由得开起了玩笑。

“先生那不叫看，叫什么来着，收集……额……”一个皮肤黝黑的健壮船工想了半天实在没想起来这专业术语，再看伙伴们笑倒了一片，脸色顿时羞得通红。

“收集数据！”郭忠恕大笑一声，爽朗地为船工解围。如果说这数月的观察，除了收集到的精准数据之外，与这些实诚的汉子结下友谊更是他收获的意外惊喜。

“正遇雪天，咱们一会儿用风炉煮半锅水，一人一双筷子，大家涮些鱼鲜吃，先生可愿与我们一起？”船工们一人一句热情邀约，郭忠恕一听双眼一亮，着实挣扎了一番：“吃暖锅怎得不早说，我这图准备完毕即将动笔，恐怕得闭关数日了。”

船工们一脸兴奋："先生终于要画图了？只看您画这草图，我就一直盼望着看成画，这下有希望了。"

"先生若是画船岂不是也要画船上的我们？"一人一脸兴奋地望着郭忠恕询问。

"这是自然，大家且放心，你们的模样和形态我都一一记下了。"郭忠恕冲着炸开了锅的船工们说道。

"等画作成，我再来此处与大家喝酒吃暖锅。"挥别热情的船工们，郭忠恕一回到家就钻到了书房。在整理了近日所得的真实数据后，他还要在纸堆里去寻访界画的前世今生，与界画前辈的技巧来一次心灵的沟通。

界画的创造与一位伟大的人物密不可分，这个人就是被后世称为秦始皇的嬴政。嬴政统一天下之后便迫不及待地要清点自己的战利品，于是他成立了一个巡视组，来彻查六国家底。作为组长的嬴政巡视了六国王宫，这些各具特色的建筑艺术精品被战乱和天灾破坏了不少，心疼自家产业的嬴政召集了当年参与各国王宫建设的重要工作人员，让他们将六国的宫殿画图成册。只是嬴政给的工期不长，质量要求却奇高，这些建筑师们在群策群力之下发明了一种绘图的辅助工具——界尺。他们将一个长约三寸的竹片打磨成镂空的半圆形状，在一头刻出凹槽，如此一来，绘图人员便可以一手扶着界尺，一手握笔作画。用界尺画出的线条均匀笔直，精确逼真。气势磅礴、富丽堂皇的六国宫殿，就这样被保存在了图画上。而这些画册不仅是宝贵的建筑业资料，更是为后世形成的界画一科提供了模本，奠定了基础。

直到魏晋南北朝时期，这些严谨的建筑图纸被艺术化，再辅以写实的自然环境，最原始的界画便应运而生。隋唐时期，随着建筑类的界画作品增多，界画的技法也逐渐成熟，风格写实精确，以“台阁”“屋木”“宫观”为主题的界画流派逐渐产生。

在研读过前辈的作品后，手握齐全资料的郭忠恕只觉豪情满怀。他手拿界尺，用“横平竖直”的线条去描述这世上最精美的楼阁、亭台，他要将这些饱含人情和充满故事性的建筑呈现在纸上，任人们去品味，去感受。

《雪霁江行图》画的是雪天江上艰难前行的两艘大船，属界画中难得一见的珍品。这幅图不仅对于研究宋代界画特色有重要价值，而且因为画者精细绝伦的描绘，它完全可以作为工程图去研究当时船只的构造。图中所绘的船只虽结构复杂，但画者处理得十分严密。桅索上的长索自然摆放，就连下垂的弧度都恰到好处；舱门上的纹理，微小的门钉都清晰可辨，且十分有质感。据考证，《雪霁江行图》原为长卷，后被割裂分离，本图只是原长卷之中的一段。

在严谨规矩的界画主题船只之外，郭忠恕这幅图中的自然风光也十分出彩，天空与水波只简单勾画了几笔波纹，用清浅的墨色晕开，营造烟雾迷漫寒江，水天旷阔空远的意境。

界画历史悠久，但直到宋朝才正式被列为国画中的一项独立门类，这项极具特色的绘画门类，因作画时需要界尺引线而得名。界画是从山水画中派生而来，主要用于绘制山水图卷中的亭台楼阁、舟船车舆。界画创作以高度还原实物、准确造型见长。宋代是界画发展的第一个高峰期，名作辈出。宋徽宗赵佶御笔亲绘的《瑞鹤图》、张择端的长卷风俗画《清明上河图》，以及被誉为“宫苑小品画开山之作”的《金明池争标图》，都是界画中的精品。

北宋初期，绘画潮流以逼真至上，所以界画也名盛一时，然而到了南宋时期，文人画兴起，这时的界画在精确细腻的表现建筑美之外，在环境氛围和构图上标新立异，将诗意美融入了画中。元代时，写意文人画占据主流，界画逐渐式微，画界画的画家已是屈指可数。

自打《雪霁江行图》让郭忠恕一画成名后，上门求画的人就排得满满当当。受家人所托，郭忠恕不得不应了聂崇义作画的邀约。为了哄得郭大画家的欢心，聂崇义可谓一掷千金。他特地装修了书房，还专门做了一张楠木画案，更是一连数日好吃好喝地侍候着郭忠恕。

一日，郭忠恕终于来了灵感想要画画了，聂崇义竟拿出一匹长三十多米的白绢让郭忠恕作画。郭忠恕鄙夷聂崇义的贪婪，却也不直接戳穿。于是他提起笔，先在素绢的一边画了一个风筝，然后画上一根长线，最后在白绢的另一端画上了一个手拿线轴的小童，一幅《风筝图》就这样“大功告成”了。聂崇义看了画作恼羞成怒。郭忠恕却不管不顾地摔下画笔，仰天大笑而去。他还是喜欢和身份卑微的普通人做朋友，和他们在一起那才踏实，有人情味嘞！

# 冯大有
# 画莲能手

## 《太液荷风图》 荷花的代言人

似乎每一种花，都有一位代言人。晋人陶渊明在东篱种下一片菊花，望着南山悠然地把酒品赏，他为隐逸的菊花代言。唐人独爱具有华贵和长寿寓意的牡丹，他们为国色天香的牡丹代言。到了大宋，荷花的代言人层出不穷。它是周敦颐《爱莲说》里“出淤泥而不染，濯清涟而不妖”的高洁形象；它是周邦彦笔下“叶上初阳干宿雨，水面清圆，一一风荷举”的江南景象；它亦是写下了数十首荷花诗的诚斋先生诗句中“小荷才露尖尖角，早有蜻蜓立上头”的鲜活模样。

因着热爱，古人们赋予了荷花许多名字：莲花、芙蕖、菡萏、芙蓉、红蕖等，这些名字一个赛一个地美妙，一个比一个雅致有韵味。

年少时读《爱莲说》，总有几分漫不经心，只觉莲花美则美矣，无法体会出它的高洁。直到被生活磋磨了许久，兜兜转转竟成了一位长于画荷花的画家，日日与荷为伴，陪它度过四季，见证了它的璀璨与光华，它的无私与奉献，它的衰落与新生，才知道它的“出淤泥而不染”，它的“香远益清”是多么难能可贵的品质。诗人们用文字表达对荷花的喜爱，而我只能用手中的画笔去展示它的风姿，去诉说它的美好。

天色刚亮，我就伴随着一路清风来到了莲池。看守莲池的老人家见到我非但没惊讶，还冲我热情地一笑，这也是近来我才享受到的待遇。来莲池赏莲的人多如繁星，老人家又怎会对我记忆犹深。直到去年荷花璀璨的花季过去，赏花的人都散了，只剩三两行人偶尔来池边走上几圈，我这个每天来莲池报到的人才入了老人家的眼。再一到冬天，光秃秃的池水覆上一层冰雪，我仍坚持来这里看荷花残留的痕迹和它生长的环境。老人家端着热茶在屋檐下看我的眼神有点说不出来的奇怪，像在看疯子一般。直到又是一年春夏，荷花再次盛开，而我仍然还在，老人家似乎终于感受到了我对荷花的热爱，对我和蔼得不得了。

不过我与他从未言语，他守他的莲池，我也自顾赏花作画。

眼前一汪绿水正在沁人的清风中徜徉，池中碧玉般的莲叶与天相连，恣意地俯仰倾侧，迎着风自如舒卷，轻舞摇曳。朵朵荷花高低不一，在荷叶的掩映下时隐时现。而在这繁茂的碧叶之上，映日红花之中，一朵柔白的荷花亭亭而立，尽显孤傲优雅。再看浮萍点绿波，凫鸭于荷叶间穿梭，花叶碧水间蝴蝶翩飞，燕子倾身沾水而过。炎炎夏日里心中的那些浮气，早就被这荷风满塘、欣欣向荣的景象挥洒得没了影踪。

我将这清新之景，淡雅之境定格，画入了图中，只是我的忧愁可解，但是又有谁能拯救大宋这惨淡的时境呢？

我叫冯大有，自号怡斋，南宋画家。

画史记载，冯大有工于画莲，善于捕捉莲花的不同形态风貌、四时变化。现藏于台北故宫博物院的《太液荷风图》是冯大有仅存的作品。

此图赋色雅致、笔触细腻，是一幅典型的院体画。池内荷叶田田，莲花或粲然，或含苞欲放，姿态各异。碧水上浮萍丛生，野鸭在水中游荡，燕子在空中低徊，画者将莲塘在风中的动人景象刻画得十分清新别致。在描绘荷叶时，画者采用了双钩设色的方法，用深浅不一的色彩表现荷叶俯仰向背的形态，足见其惊人的洞察力和高超的画技。

《太液荷风图》，画名就让人觉得心旷神怡，感受到了画者的别出心裁，再看画中景象也别有内涵。《太液荷风图》画名中，“太液”原指汉代宫廷中的“太液池”，这个名称一直被历代宫廷御池沿用，它象征着尊贵吉祥。而莲花与成双的鸭子这两个意象一结合，寓意着“夫妇和合”，莲与莲子本身就是“连生贵子”的象征；双飞的蝴蝶，更是对真挚爱情的祝福。这幅图中令人赏心悦目的莲塘不仅是单纯的景象，还给人们带来了美好的祝福。

但如果我们联系冯大有这位画家所处的时代——南宋，那么说此图只表达了吉祥寓意是不够完整的。宋代是文人画即绘画文学化的发展时期，而所谓的文学化，最直接的就是将绘画与诗文一样，作为托物言志、表达自我、抒发感情的艺术形式。经历过“靖康之耻”“绍兴和议”的南宋，一味地苟且偷安，错失了收复失地的良机，这也使南宋人民丧失了自信与底气。背负着无奈的画家们，笔下也再无雄心。

《太液荷风图》中零落的花瓣、空中单飞燕的景象，与北宋词人晏殊《浣溪沙》中“无可奈何花落去，似曾相识燕归来”一句十分相衬。“花落去”的自然现象无法改变，南迁的燕可能还会再回来，即使不再是去年离去的那只，但它的回归也让人充满了期待。而南迁的大宋是否又能再回到中原呢？国家的兴衰交替就像那花开花落的景象一样，总是充满了无可奈何；这种绝望中又隐含期待，悲观中又自强向上的心绪与南宋文人的遗民心理十分吻合。

再看画中最突出的那支白荷。这个关键性的画眼透露着宋人素净的审美思想和以物喻人的艺术哲理。宋时的文人常用红色艳丽的荷花形容女子容颜，而清美的白荷则是他们自身高洁人格的一种寄托。白荷这种高贵傲然、落寞无助，却独自优雅的情态，与当时许多文人学士的内心格外贴合，于是乎白荷又被文人们糅入了深沉的家国之伤，用于抒发情感了。

“太液池”自古以来就象征着高高在上的皇权。在南宋词人的作品中，“太液芙蓉”是咏荷常用的典故，这个意象抒发的往往是对故国的思念之情。结合南宋的历史情境，再来看《太液荷风图》，这片生机勃勃的景象之下，寄托了作者对已沦陷在金人手中的故国的哀思，这悲郁中也隐含着能有朝一日收复失地的渴盼。

在夏天的夜晚，闻着荷的清香，听着风的轻响，看着那清逸超群的白荷，冯大有心中忽地生出了感慨：如果说，人这一生须像一朵花，那我愿是荷花，不惧烈日，兀自绚烂，悠悠清香，溢满人间。

# 李安忠
# 笔墨精微的花鸟画家

## 《晴春蝶戏图》 古代蝴蝶素材的范本

午夜的凉风穿过微微倾开的窗台，吹向了躺在床榻上安然入睡的李安忠。悄然间有只五彩羽蝶随风而来，轻轻触在李安忠的眉头中央。睡梦中的李安忠只觉身体瞬间万般沉重，似是坠入了无底的黑洞之中。不知过了多久，李安忠恍恍惚惚，衣冠端正站在写有“祝府”的大门一侧。

“祝府？哪个祝府？”李安忠心中充满了疑惑。正在此时，不远处传来了敲锣打鼓、唢呐嘀嗒的喜庆之音。李安忠顺着声音缓缓望去，一队迎亲的队伍甚是庞大，绵绵延延竟有百余人。朱红色花轿的前方，新郎官高大威猛，一脸喜气地跨在一匹黑色骏马的背上。“马公子，恭喜恭喜……”道路的两侧围满了看热闹之人，他们纷纷向新郎官道贺。

“马公子？祝府？不会是梁山伯与祝英台吧？”李安忠惊得张大了嘴巴。迎亲队伍很快便来到了祝府的门前，丰满花俏的媒婆一

扭一扭地走向大门口，笑意连连地问：“新郎官已经来了，新娘子还没准备好吗？误了吉时可不好。”祝府的管家连连谄笑：“快了，已经出来了，不会耽误吉时的。”管家话语刚毕，新娘子便在喜娘的搀扶下出现在众人的视线中。她并没有像戏本中说的大哭大闹，而是亭亭玉立、安安静静，宛若纯洁的百合。红色的朱纱拖尾喜服甚是耀眼。机灵的丫鬟眼中似有点点珠痕，她轻轻地扶着新娘子悠悠地踏进了花轿之中。

只过了一盏茶的时间，迎亲的队伍便再次吹响了热闹喜庆的乐曲，随即渐渐消失在街角的拐弯处。李安忠久久注视着花轿消失的地方，心中生出一丝隐忧。可无人注意到他的存在，因为他是透明的。在他思虑之时，天空突然飘来一群彩蝶，它们不约而同缠绕着李安忠的身体，将他托向高远的空中。脚下是软绵绵的云雾，伸手摸不到任何物体，李安忠吓得闭起了眼睛。倏地，脚下似乎突然又有实物可踩，李安忠慢慢睁开眼睛，彩蝶早已不见踪迹。一座崭新的坟墓映入了眼中，墓碑上刻着：梁山伯之墓。李安忠对此心中甚是疑惑，可刚才的迎亲队却已然走来。

刹那间，天空刮起了大风，天色瞬间变得黑暗起来，迎亲队被风卷得摇摇晃晃，众人被吹得七零八落。马公子紧紧地抓住缰绳，丝毫不敢动弹。可偏偏此时，花轿中的新娘子缓缓走了出来，她似乎丝毫没有受到狂风的影响，朝坟墓直直走去。众人一边凌乱，一边紧张地呼喊：“祝小姐，万万不可……”可风似乎是故意的，瞬间便卷走了嘈杂的呼喊声。突然一道闪电不偏不倚劈在坟墓的中央，墓竟被打开了。祝英台掀开了红色的盖头，俊美的朱颜上早已泪流满面。她没有丝毫犹豫，纵身跃进了坟墓。

风迅速停了，天再次放晴，太阳也从云间走了出来，金光闪闪射向世间万物。可坟墓早已紧紧关闭，只剩下众人哭喊的悲惨之声。李安忠呆呆地望着眼前的坟墓，只见有两只彩蝶似是从墓中飞了出来，萦绕在他的身边，久久不散……

又是坠入了无底的黑洞，李安忠在洞里挣扎了许久，终于清醒过来。他腾地从床上坐起，缓步走到桌案旁狂饮茶水，大口喘着粗气，额头上满是密密的汗珠。清晨的日光洒进屋里，一片金辉色瞬间蔓延开来。李安忠顺着半开的窗户向外看去，廊前的花坛中突然飞来一群蝴蝶，它们围着坛中花儿翩翩起舞，婀娜多姿，甚是绚烂。李安忠失神了许久，突然他拿起画笔在桌案边卷袖挥洒，时而屏气凝神，时而向着窗外细细观察，眼神中似有淡淡的哀伤，但也闪过丝丝的惊艳。

不知过了多久，只见日光已经移至正空。李安忠长长舒了一口气，放下笔墨，紧紧地盯着这幅纵 23.7 厘米，横 25.3 厘米的《晴春蝶戏图》。只见画作之中一共有 15 只姿色各异的蝴蝶和一只精致逼真的胡蜂。蝴蝶大多是素雅之色、小巧精致，日光似乎可以穿透它们的翅膀，它们也因此熠熠发光；但也有几只身躯偏大的黑

色燕尾蝶，点点娇艳的色彩铺在它们的黑色翅膀中，远远望去是那么地神秘，又是那么地娇美；还有五彩纹路的花蝶甚是夺目，在日光的映照下，轻盈的舞姿似翩翩仙女般盈盈袅袅；而短小的胡蜂不停地挥动着透明的翅膀，“嗡嗡嗡”的振翅之声打破了庭院中的寂静。

李安忠似乎晃了神，目光有些呆滞，无人知晓他在想些什么。良久，门外传来童子的叩门声：“陛下，您早饭都没吃，午饭好歹吃一口吧！”李安忠揉了揉眼，收回了思绪，即刻起身穿戴整齐，向着庭院走去。“陛下，听说梨园里新排了一出戏叫《梁祝》，可火了……”

《晴春蝶戏图》是南宋画家李安忠绘作的一幅设色扇面画，现藏于故宫博物院。

## 《野菊秋鹑图》 岁岁平“鹌”

耀眼的太阳挂在悠远的碧空之中。清风将刚刚聚起的微云吹得干干净净，天空瞬间便如同一枚明镜般澄亮，使人觉得神清气爽，倍感舒畅。好一片秋日高挂的悠悠碧天。

微微隆起的山坡上浓密的繁草轻轻摇曳。有尖刺丛生的灌木丛扎在山坡的一侧，细细绵绵的枝条向着远处伸展开来，极不起眼的细小毛刺却密密麻麻地铺满了灌木的枝干。秋菊异常顽强，在如此秋高气爽之季，它怎能放弃展现自己高洁身姿的时机？只见朵朵小簇的菊花一圈圈绕在长满毛刺的灌木枝干上，尖刺似乎并未对它造成影响。秋菊紧紧地抓住这处安身立命之所，在阳光下坦然盛开。似乎连秋风也被它的毅力感动，微微一吹便将秋菊绵绵的清香散向碧草、绿树、天际之中。

许是嗅到了醇醇的清香气息，两只鹌鹑从遥远的空中飞来，盘旋片刻之后落在了秋菊的身侧。翠翠的细竹似是极想结交这两只活泼的精灵，努力地将些许竹叶朝着鹌鹑伸去。可鹌鹑并不为所动，它们伫立在柔软的草地上。其中一只认真地端视着地上散落的植物种子。它的目光认真悠闲，优雅的身姿压得很低很低，低到只能瞥见乳黄色柔软又坚劲的尖爪。它的背部是大片大片的赤黑色鸟羽，而腹部却是浅粉中带着些许珠白，看起来极是神气！

另一只鹌鹑似是被耀眼的日光所吸引，优雅地抬起了高傲的脖颈。花色的冠羽在风中微微颤动，炯炯有神的目光直直地注视着上空。纤纤的利爪直愣愣地抓住长满碧草的大地。

有堆草丛蔓延在碧地之上，它们虽然杂乱无序，但这种自然之美实在令人流连忘返。秋风带着暖洋洋的气息再次吹来，瞧，草丛中的蒲公英瞬间便散出自己的孩子，宛如晴雪一般朝着更美好的地方飞去……

《野菊秋鹑图》是宋代画家李安忠所绘作的一幅绢本设色画。全画纵 24.1 厘米，横 40.5 厘米，现藏于台北故宫博物院。李安忠，生卒年不详，钱塘（今浙江杭州）人士。宋徽宗年间曾为画院祗候，北宋亡后随朝廷一路南迁，之后又复职画院。

我们对画师李安忠的背景知之甚少，然而可以从他所绘作的这幅《野菊秋鹑图》中窥见其绘画技艺的高超卓绝。他虽生在北宋时期，但在南迁之后，其绘画风格也逐渐转变成了南宋写意画的风格。这种将两宋时期的创作风格融合在一起的画法，在历史上也算得上是一枝独秀。他的画作之中往往体现出的是对自然万物的美好追求及感悟，万物的生命在他的画作之中犹受尊重，这也是他的画作看起来格外真实生动的主要原因。

我们不妨细细品读这幅《野菊秋鹑图》。本该萧瑟的秋季，却因为点点顽菊的盛开显得生机勃勃。而看起来微弱渺小的秋菊，却克服了毛刺植被带来的恐惧，如此坦然之气正是李安忠对顽强生命的敬佩。而画作的亮点在于两只圆润丰满的鹌鹑，它们虽是相依相偎的一对，可是又有各自不同的特征，一只举头听风，一只低头端视。这种一高一低，一张一扬的鲜明对比，正好衬托出鹌鹑活灵活现的灵动之感。画作最后再配以青翠的碧竹、广沃的草地、茂盛的藤萝草丛，一幅生机盎然的画面由此诞生。秋季在李安忠的画笔之下，竟然比万物复苏的春季更加富有生命力。

鹌鹑在外形上虽比不上白鹤的逍遥缥缈，在叫声上虽不及黄鹂、百灵的婉转动听，可即便如此，鹌鹑在古代的受欢迎程度却绝对不比任何鸟儿差。早在唐玄宗时期，西凉人在进贡的物品之中便已有鹌鹑的存在。彼时，斗鹌鹑被当作供贵族消遣的一项娱乐项目。到了宋朝时期，斗鹌鹑的风气已经从宫廷普及到了大街小巷，而王安石还曾因治办了一桩“鹌鹑命案”而轰动一时。宋朝的著名诗人梅尧臣更是作出了《斗鹌鹑孙曼叔邀作》一诗：“脱命秋隼下，鸣斗自为勇。争雄在数粒，一败势莫拥……”

因为对“斗鹌鹑”之乐的喜爱，宋人在选鹌鹑上也深有讲究。善斗的鹌鹑头和嘴最厉害，而腿和骨则是力量爆发的积蓄之所。宋人往往将挑好的鹌鹑再进行一系列严格的饲、洗、把，方可上场对赛。“饲”是指饲养；“洗”是指去其野性与油膘，丰满的鹌鹑浮膘较重，必须经“洗”之后才能去除；而“把”则是驯导，把玩之后的鹌鹑一般非常结实强健，在对战之中，哪怕是面对敌人的顽强进攻也丝毫不害怕，如此方有大胜的希望。

看来，《野菊秋鹑图》中的鹌鹑虽然丰美圆润、姿态逍遥，然而如果真要被宋人拿去斗一斗的话，就这一身的富贵之相，还真未必能大获全胜。

# 马和之
# 伟大的插画师

## 《唐风图》 庞大的《诗经》插图工程

古时诗歌繁荣，不仅文人学士们经常写诗抒发感情，就连皇帝也时不时技痒，写几首诗词显露下自己的才华。如唐太宗笔下的“疾风知劲草，板荡识诚臣”成为流传千古的佳句；清代乾隆皇帝更是以近四万首诗的庞大数据，一举斩获了“留下诗歌墨宝最多的皇帝”头衔。在文风鼎盛、墨客云集的宋代，作为一国之主的官家们也很喜欢写诗。

武将出身的宋太祖赵匡胤，写出的诗气魄雄浑，霸气至极：“未离海底千山黑，才到天中万国明。”宋太宗曾在一钓鱼集会中赠给宰相吕端两句诗，“欲饵金钩殊未达，磻溪须问钓鱼人”，表达了对吕端的器重。到了宋真宗时期，为了更有力地执行文人治国的方针，他亲自下场写下了响彻千古的读书广告词：“书中自有黄金屋，书中自有颜如玉。”综上可知，北宋初期的官家们写诗大多为政治服务。但到了宋徽宗赵佶时，诗歌风格就偏向艺术性了，从他留存至今的诗词来看，他的诗雅致精深，意蕴优美，但题材狭隘，要么是抒发个人那些暗戳戳的小忧伤，要么就是大肆赞颂他治理下的“太平盛世”，国计民生似乎与他无关。

宋高宗赵构的诗词素养虽不及被称为全能艺术家的老爹宋徽宗，但政治能力比他老爹强得可不是一星半点。南宋政权初建之时，百业待兴，但首要任务就是稳定朝纲。通过尊孔尚文笼络知识分子是巩固政权的必要手段。赵构充分地认识到了这一点，因而在登基后不久就手书“九经”，并在当时的最高学府——临安太学前立石宣传，借此告知天下士子“当今圣上”尊重文人之心。此外，他还开创了一个大工程，他将“五经”之一的《诗经》分段亲自书写，并命画家马和之以诗文为题材补以绘画。被归为“诗意图”行列的《唐风图》，用现在的话来说就是“文章插图”，而马和之就是看文写画的插画家了。

《诗经》分为风、雅、颂三个大部，而其中的“风”包含《唐风》《秦风》《陈风》等十五国风。《唐风图》节选了《诗经·风》中的十二章名篇，绘成了十二幅图画。《唐风》顾名思义就是采集于唐地的民谣诗歌，而“唐”地是旧时周成王的弟弟叔虞的封国，后来叔虞的继承人将国号更改为晋。

《唐风图》，这幅共绘有十二幅图的长卷，每幅图皆采用左图右文的形式，观者先品读题序诗文，而后可以带着诗意在图中寻找

《唐风图》之《蟋蟀》

具体的形象表现。《唐风》中的诗歌相对比较晦涩，不过插图家马和之却以高明的手法，生动的艺术形象丰富地诠释了《唐风》这个命题。

《唐风图》中第一段原诗为《蟋蟀》："蟋蟀在堂，岁聿其莫。今我不乐，日月其除。无已大康，职思其居。好乐无荒，良士瞿瞿。……"画中枯黄落叶铺满了一地，一叶落而知天下秋。浓厚的秋意里，有三人正在悠闲地聊天，左边屋门口一人正津津有味地看着几只蟋蟀跳跃。古人常常以动物的迁徙来表达时令的变化。在这

《唐风图》之《山有枢》篇局部分图

幅图中，蟋蟀象征着秋季节令的到来。马和之在忠实诠释诗文内容之外，也表达出了劝人勤勉、惜时的深层含义。

“秋”字一开始出现时，并非指一种季节，而是代表着蟋蟀，因蟋蟀的叫声很像“秋”。伴随着蟋蟀的鸣叫，天气逐渐凉爽，秋天也再一次到来，此后“秋”字就被赋予了季节的含义。南宋时蟋蟀之乐逐渐成为一种社会风气，《西湖老人繁胜录》中记载，临安人喜好养蟋蟀，“每日早晨，多于官巷南北作市，常有三五十火斗者”。

《唐风图》局部，《扬之水》篇情景

第二篇《山有枢》全诗讽刺了那些擅于敛财又格外吝啬的守财奴。画者在这段图里绘制了一位有马不舍得骑，有名贵的乐器也不舍得使用的守财奴，其吝啬的形象呼之欲出。

《扬之水》为《唐风图》中的第三篇："扬之水，白石凿凿。素衣朱襮，从子于沃。既见君子，云何不乐？"此篇涉及一个典故。公元前745年，晋昭侯册封他的叔父成师于曲沃。公元前739年，已经64岁的曲沃桓叔采取里应外合的政策谋反，大臣潘父在弑杀晋昭侯后，他趁机带兵进入晋都想夺取政权，不料却被晋人打败，退

《唐风图》之《椒聊》

回曲沃。这首诗表现了作者投奔曲沃桓叔时的喜悦之情，清溪白石等一系列的风景描写暗示了作者的心情。马和之在这幅图中只用一个回眸凝望溪水的动作，就将人物的喜悦之情全部衬托而出。

第四篇《椒聊》图，一棵果实累累的椒树下，两个人正指着树木不知在谈些什么，丰硕的花椒树，寓意君子忠厚仁义。

“绸缪束薪，三星在天。今夕何夕？见此良人。子兮子兮，如此良人何？”第五篇《绸缪》一诗所写内容是关于婚姻的。在图中，

《唐风图》之《绸缪》

一人手中正在捆草，凝视远方的神情中充满了淡婉缠绵的情意。

宋代婚姻中的门第观念逐渐弱化，但因女性的婚姻与家族利益紧密相连，因此在宋代娶妻时，女方的财富要比姿色更为重要。北宋名臣蔡襄曾对这个风气嗤之以鼻："观今之俗，娶其妻不顾门户，直求资财……"财产在当时成了婚姻的决定性因素。宋代的富人为女儿准备了丰厚的嫁妆陪嫁，并把来京城参加进士考试的年轻举子视为未来女婿的最佳人选，这就是所谓的"榜下捉婿"。

《唐风图》之《杕杜》

《唐风图》之《羔裘》

《唐风图》之《鸨羽》

《唐风图》之《无衣》

《唐风图》之《有杕之杜》

第六篇《杕杜》，画者用一片空白的背景和孤单的赤棠树表现了落寞无助的感情。第七篇《羔裘》，画者着意刻画了卿大夫的傲慢神情。第八篇是《鸨羽》，《唐风图》中唯一没有人物出现的图。鸨鸟生长于水中或者沼泽中，是无法栖息在树上的，而画者却偏偏将鸨鸟安置在了树上，且还有鸨鸟不断朝着树的方向飞来。这种违背自然规律的场景，讽刺了当时政治环境的黑暗，让老百姓们弃农服徭役本就是有违“天和”的荒谬之事。

第九篇《无衣》，原意为睹衣思人，马和之根据各家对《诗经》

《唐风图》局部，《葛生》篇情景

的注解，画上了几位俊杰请命效忠晋武公的故事。第十篇《有杕之杜》，画者用一棵孤零零的棠梨树暗示了诗歌作者对友人相聚的期盼。《葛生》一篇的历史背景为晋献公好战，导致许多征兵战死沙场，徒留下妻子守着空房深切思念。画面中一女性独坐窗前，再借用树影婆娑揉乱心扉、流水潺潺、一去不复回的意象，刻画沉痛与哀怨之情。最后一篇《采苓》，原意是不要被他人混淆是非的言语扰乱，马和之却用两个问路人不一样的神色来暗合了难以描述的诗意。

《唐风图》之《采苓》篇情景

《唐风图》虽被归划为人物故事画，且除了招纳文士的政治目的，也有道德教化民众的社会目标。但是从作为画家的马和之来说，他更注重透过笔墨来诠释图像之外的意义。《唐风图》不单单是一幅单纯表现“诗经”题材的图绘作品，画面的构思、意境都尤为难得，这是一幅结合了马和之的文学素养、历史知识以及突破自我创新技法的伟大绘画作品。

## 《鹿鸣之什图》 宋代的“插画书”

夜雨带着清寒悄悄落下，摇摆不定的烛影映在斑驳的白墙上，一个小童子使劲揉了已蓄上朦胧水雾的眼睛，却依然无法阻挡困意的来袭，忍不住打了个呵欠。书案上还在看书的马和之看到眼前这幕，心思蓦地一柔：“童儿困了就去睡吧。”被点到的小童子立刻端坐了起来，而后做了个扩胸的姿势：“陛下您看我精神着呢。您伏案那么久，我陪您说说话轻松下吧。”马和之微微颔首，放下了手中的《诗经》。

小童子正巧想找话题，一抬眼就看到了那本《诗经》：“您手中的书分明是《诗经》，那么为何您说您看的是《毛诗》呢？”马和之听了眼睛瞪得溜圆，手指一蜷缩就给了小童子一个爱的脑蹦儿：“平时让你好好读书，非得偷懒，不然这等常识为何都不知。”小童子嘿嘿一笑，马和之叹了口气解释道：“在汉代以前，有四家不同版本的《诗经》流传，后来鲁、齐、韩三家编注的《诗经》先后亡佚，这部由西汉时鲁国毛亨和赵国毛苌编辑注释的《毛诗》，作为后起之秀得以广泛流传，还被前朝的官方承认了。”

小童子也是个聪慧的：“所以说这《毛诗》现在是最正统的版本了！”马和之满意地点了点头，可眉间的踌躇依然：“你也知我接下了官家绘制《毛诗》三百篇的配图任务，这当然是至高无上的荣耀，可……”

小童子连忙端了碗热茶递到了马和之手里：“陛下忧愁的可是这巨大的篇章数量？”马和之喝了口茶，舒了口气又继续说道：“数量再多，也终究能画完，难就难在画本是具体形象的表达，而《诗经》中的意象大多是抽象的，诗文的暗示意义是很难用画面表达出来的。”

小童子恍然大悟：“陛下近来研究《毛诗》，是为了更好地作画啊！”马和之点了点头，小童子想了想又接着说：“小人读书少，知识浅薄，不懂得什么抽象含义，只是既然诗文有暗示意义，画也同时有暗示意义，不就完美统一了吗？”

马和之一愣，顿时领悟了：“妙哉，妙哉，我怎么就没想到呢！”说完激动地称赞了小童子一番，小童子羞红着脸回想，好像一不小心帮了陛下大忙呢！

马和之，钱塘（今浙江杭州）人。高宗绍兴年间进士及第，官至工部侍郎，相当于如今的建设部副部长。也有言论说他只是一位宫廷画家，且是御前画院里的第一红人。但无论如何，马和之的绘画艺术获得了高宗赵构的肯定，赵构亲书《诗经》，命他画图补之。《鹿鸣之什图》就是“《诗经》配图”这一浩大工程中的一组。

《鹿鸣之什》是我国第一部诗歌总集《诗经》中《小雅》的开篇章节，《鹿鸣之什图》全卷按照《鹿鸣之什》的内容，共画了十幅画。马和之生动形象地画出了他所认知、感悟到的《诗经》中的诗歌意象。

第一图卷即开篇《鹿鸣》，这是周王宴会群臣宾客时所作的一首乐歌，全篇诗歌洋溢着琴瑟歌咏的欢快气氛。画面上一所豪华的殿堂中正在举办一场盛宴，诸多人物中，君主位于正位端坐着。两侧嘉宾与臣下排排坐好，殿外丹墀之下内侍环立，乐团的乐工们正在鼓琴奏乐，展现出一幅君臣宴饮、其乐融融的场景。高大的树木与层层叠起的云霭，将画面自然衔接到群鹿居住的山谷之中。

南宋时期的临安，贵族、官僚、富人云集，上至官方的国宴，下到民间宴请，可谓名目繁多，诸如春宴、乡会、鹿鸣宴、各节气宴等宴席名目多达一百多种。繁杂的酒席宴请也衍生出了一个新兴产业——专为宴席服务的四司六局。四司设帐设司、茶酒司、台盘司、厨司，六局设果子局、蜜煎（饯）局、菜蔬局、油烛局、香药局、排办局。租赁四司六局，便省宾主一半之力。

《鹿鸣之什》的第二段为《四牡》，画者根据诗意解读描绘了外国使臣来朝路上的情景。使者手持节旄端坐在马车上，左侧有四马并驾，另有五名仆从随车前行。几株树木作衬景，突出了行路途中的劳惫。

第三段为《皇皇者华》，此章节讲述的是使臣去寻求贤才时在征途上的情况。马和之在此卷绘了一段幽深茂密的山林风景，蜿蜒的山间小路上，车马正在逶迤行进，跟随使者的仆人各自携带着不同的物品，一路劳顿，颇为艰辛。

第四段为《棠棣》，这首诗歌颂的是兄友弟恭的手足亲情。马

和之用相似的形貌来体现人物之间的亲属关系，兄弟三人立在水畔欣赏着水中错落生长的三株棠棣之木，意喻着兄弟三人和睦共处、和睦相生。

第五段《伐木》，该段绘草木葱茏的山谷间，二人手执利斧正欲砍伐一株小树。两人的视线望着一只栖息在树上的鸟儿，这与诗歌中的“出自幽谷，迁于乔木”一句紧紧相扣。

《天保》一段，诗文中运用了大量比喻来祝颂君主，例如“如山如阜”“如日之升”等。马和之亦运用了旭日东升、松柏长青、碧海翻波等一系列的祥瑞意象来表现画面，更借此图以表示对江山如松柏不凋，如日月永恒的美好祝福。该段所录诗中“如月之恒”一句中的“恒”字，缺最后二横笔，乃为避宋真宗赵恒的名讳。

第七段的《采薇》，画中绘有一队在山林间奔驰的车马，车上旌旗猎猎，随风飘荡，虽人物不多，但却呈现出一种千军万马排山

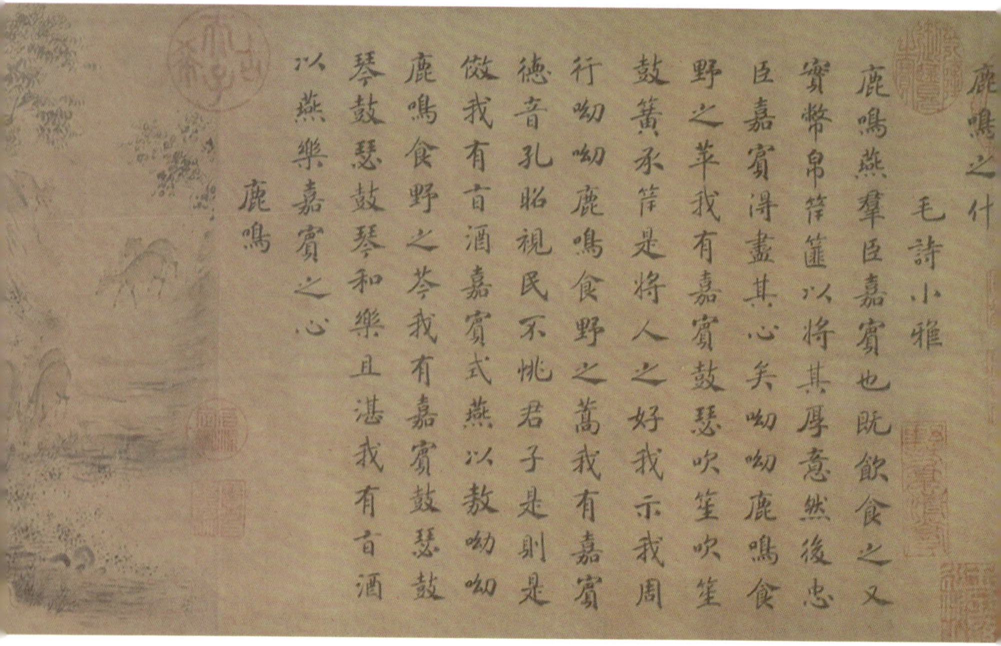


倒海而来的气势感。

第八段即《出车》，该段描绘了一个气势宏大的车队，王者正乘车到郊外去慰劳戍边而还的将士时威风凛凛的场面。

第九段为《杕杜》，诗中情感真挚深切。画中郁郁葱葱的树林间房屋隐现，小路上一妇人提篮远眺，远方除起伏的群山之外，隐约有旗帜飘舞，寓意着征夫的回归。

第十段为《鱼丽》，画者并没有用丰盛的酒肴展现诗句情景，反而用池塘中二人满载收获，向岸边驶来的画面来阐述宾主共同欢乐的诗意。

马和之的绘画风格新奇，自成一家。他仿照吴道子的兰叶描开创了柳叶描（也作蚂蝗描）这一新技法。受题材与官家爱好的束缚，《鹿鸣之什图》这幅长卷的艺术风格更倾向于写实，他用独创的蚂蝗描画人物和树石轮廓，线条细致古朴，超逸且富有韵律。作品尽得古意又不失文气，在整个宋代都是独树一帜的。

“小吴生？”面对这一绰号，马和之淡然一笑，“我的画法源于吴道子而后又脱离了他，再说闻道有先后，他在前我在后，叫我一声小吴生，我自是欣喜的。”

# 朱锐
# 盘车行旅图专家

## 《盘车图》 劳劳车马

乌青色的天空上布满了浑厚的灰黄浊云，寒风肆虐地在山林里撒野。无边落木萧萧下，徒留枯枝仍在迷蒙的雾气中坚守。忽地，风停止了呜咽，还在山坡上行走的朱锐惊奇地抬头，却见天空中竟有无数片乱舞的雪花悠悠地洒落下来。此时，山谷空荡荡、静悄悄，似乎沉湎在这飞雪的抚触下，陷入了深深的酣睡中。

不多时，那树林里交错的纤细枝丫，就被雪压得低垂下来，枝头上的针叶不时打着寒战。雪吞没了山河，白茫茫的雪雾迷蒙着天地。雪花轻轻浅浅地落在了朱锐的

脸上、头上、肩上，但置身于漫天舞雪的他，却没有心情去享受这些晶莹无邪的小精灵们带来的惬意。寒气仍弥漫在山间，厚厚的积雪让山路更加难行，偶尔一阵凛冽的风儿涌来，那枝头白色的粉末就像烟雾似的抖落下来，浇了半身。

“吼！吼！”“稍！稍！”被冻得鼻尖冒红的朱锐，听到车夫吆喝着赶牛车的声音，身形一顿，顺着山脚的斜坡望过去。只见一辆三头牛拽拉的带篷车子，正徐徐驶过低浅的溪路，拉车的牛儿四蹄“嘚嘚”敲击着溪底，车后的犬正兴奋地对着身后骑着小毛驴的主人“汪汪”直叫。朱锐将手捧到嘴前，呵了口气，无奈地扯了个笑脸：“这苦寒的天气，艰难的行程，唯有它觉得欢乐吧。”

朱锐伛偻着身子冒寒继续赶路，大雪封山，他必须在天黑前找到地方投宿。隐天蔽日的重岩叠嶂，在白雪的映照下有了光亮，但厚厚的积雪让崎岖的山路更加艰险坎坷。朱锐正沿着陡峭的山路气喘吁吁地向上攀登，却见一个车夫正在车辆后卖力地推车上坡，车身颤抖着，似乎随时都会倾覆，他连忙上前去帮忙。此时雪雾弥漫，寒树昂立，虽身心俱疲，但人心却是温暖的。

朱锐，原为北宋宣和画院待诏，宋室南渡后官复原职，授迪功郎。他师法王维，以山水、人物见长，尤擅盘车之景、雪景。传世作品《盘车图》轴，现藏于上海博物馆。

此图画面中心绘巨岩寒树，山涧从下方奔流而过，一队人驾着牛车、骑着驴正涉水而渡。前方一车刚越过山脚，爬上狭窄的山坡，车夫正在奋力向上推车，构图上遥相呼应，意味深远，荡出画面；林立的巨石堆出孤零零的主坡，坡上寒林萧疏，依附蜿蜒山势而生，再许以浓雾画出层次与距离，让观者透过苍茫的山脚去想象隐于白雾中的浑厚林峦。刻画一转角山路，而虚出周围，这种截景在山水画中十分少见。由此可见，画者“形容布置，曲尽其妙”。

为展现崖壁刚硬的质感，画者综合运用了小斧劈皴、刮铁皴、马牙皴之类的笔法。图中树木盘根错节，高下曲直，横斜隐见。树梢略似“蟹爪”又兼用“鹿角”，树叶用穿插双钩技法。牲畜、人物和车轮等虽笔墨不多，但刻画十分细致，体现了画家一丝不苟的写实画风。

纵观朱锐的作品，主题大都围绕着一个“雪”字。此图中雪雾带着寒气在空中弥漫，层层白雪覆在车顶、压弯树梢，无时无刻不透露着惨淡之意。他的小品《雪景》卷上，有宋宁宗的皇后杨妹子的题诗：“雪吹醉面不知寒，信脚千山与万山。天鹫琼阶三十里，更飞柳絮与君看。”（此诗一说为杨万里所作。）

“盘车”是传统山水画中的一类作品，这类作品通常描绘商贾行旅跋山涉水，驾车远行的画面。虽盘车图多表达旅途艰辛之意及悲悯情怀，但这种“行旅”题材的出现，却恰恰折射出当时社会繁荣的景象。宋朝时期城镇经济高速发展，城镇的商人和手工业者，为促进物品交换得到更可观的利润，就要走街串巷，走乡串村，一直行走在路上。在经济发达后，社会人才短缺，迫切需要各方面的精英。因此，大宋朝廷不断促进科考制度的改革，扩大文士队伍，所以跨乡、跨城，甚至跨省赶考的、经商的、求学的、学艺的，甚而省亲的人等，数量大为增加，“盘车”之题就此诞生。

不过因为两宋时期良马奇缺，因此宋人出门“旅行”多以骡车和驴车代步，但惯会享受的达官贵人因不喜乘车之颠簸，所以出门工具首选舒适的轿子，是以乘轿之风渐兴。而宋朝的“老司机”开的大都是“太平车”。太平车是当时最常见的载货运输车。

朱锐站在被积雪染白了头的山顶仰望天空，空气里一片寒凉。“行路难，行雪路更难！但即使再难，人们还是没有放弃这攀登的心。作为画者，我要传达的就是这样的心情。”

# 杨无咎
# 前身端是老梅精

## 《四梅花图卷》 以“村梅”闻名于世的画家

“巧画无盐丑不除，此花风韵更清姝。”夜深人静时，昏黄灯光下，杨无咎手揽着书卷，抬眼看着悬挂于壁上的墨梅图，嘴里又反

复诵读了几遍这一联诗句，越发觉得这诗、这画，越品越有滋味。

陈与义这首诗是以人衬花，但无奈杨无咎一看到诗句中的“无盐”二字，脑海中就浮现了那个与嫫母、孟光和阮氏女共享“中国四大丑女”称谓的战国女子钟离春。这个出生在无盐的钟无艳，长相确实有些辣眼睛：她全身漆黑，头如糙石，头发稀少，眼睛深眍，鼻子仰天外翻，个子高大但脖子肥短……

钟无艳的面容乍一浮现在脑海，杨无咎顿时条件反射似的赶紧摇了摇头，想将她的影像在脑海中挥去。但摇头瞬间又觉得好笑，他何时也成了“颜控”？于是他赶紧想了想，虽样子丑陋，可钟无艳以四十岁“高龄”嫁给了齐宣王成为王后，可见她品德之高尚，见识之卓越。这样一想，杨无咎脑海里的钟无艳形象顿时蒙上了一层滤镜，变得光华起来。

杨无咎这才将目光又落回到画上。只见这几枝墨梅的外在形态与钟无艳确实有相像的地方，比如，它虬曲的枝干、石头一样苍劲深邃的树皮，稀疏的“毛发”，还有那“若漆的皮肤”。杨无咎叹了一句“妙”，又接着将诗读了下去：“从教变白能为黑，桃李依然是仆奴。”再看这幅墨梅图，墨色晕染出的梅花显得疏淡清雅。在梅花面前，那些在春天竞相开放的桃花、李花们只配做它的奴仆罢了。“不愧是我师父的画作！”杨无咎越想越沉醉，不由得感叹了起来。原来墙上这幅墨梅画，便是杨无咎的师父仲仁和尚所作。

说来还有些汗颜，杨无咎虽早就已经以画梅闻名于世，但比起单凭一片梅花能让苏轼、黄庭坚、秦观等文艺大家断肠的僧人仲仁来说，他的梅花虽有形，但意境还差着呢。对于仲仁法师，杨无咎慕名已久，但一直无缘相见。直到前几年，靖康之变后，仲仁法师从湖南衡阳辗转到了江西清江，已然三十多岁的杨无咎才有机会接触到这位“墨梅之祖”，并正式拜了师，跟随仲仁学画墨梅。杨无咎轻触着师父的墨梅图卷，转身又回到了画案前苦练画梅技艺去了。

杨无咎，号逃禅老人、清夷长者，一些典籍中也有将他的名字写成“扬无咎”的。不过有史料记载，宋徽宗在欣赏完杨无咎的梅花图后，曾高度评价他的画可为后世宗师，而后还在画幅上亲书了一个“杨”字。既是官家御笔，那么就有赐姓的含义，所以杨无咎的后人也一直以“木易杨”为姓。据杨氏一族的族谱记载，《杨氏宗祠》的礼堂左右曾挂有一副楹联：“翰墨提香，种九

重春色；御笔赐姓，荫百代恩光。”

杨无咎水墨人物画师法李公麟，墨梅学华光僧仲仁。《四梅花图卷》是其 69 岁时，应友人范端伯之请而画。现如今《四梅花图卷》静静地安放在北京故宫博物院，它犹似一片雪影轻轻划过观者

的心灵，绽放着幽香。

《四梅花图卷》自左而右，分四段描绘了梅花未开、将开、盛开与衰落的生命阶段。第一幅梅枝向左横斜，发散的新枝上已长稚嫩的花蕾；第二段苍劲有力的枝干上，花苞尚在悄然蓄势，但有少许耐不住的花蕾已处于微微张启丹唇，欲放未放的势态中，画面散发出蓬勃之气；到了花儿展笑盛放的第三段，便是枝丫已完全伸张，花朵若光华般灿烂，舒展的花蕊也吐露出了芬芳；第四段，一枝老干秃枝似在向右回望，枝头上衰败的花朵摇摇欲坠，只余下残萼败蕊在风中飘零。

据说杨无咎年轻时的住所里，“有梅树，大如数间屋，苍皮斑藓，繁花如簇”，于是他常常对着梅树、梅花写生。精通诗词书法的他，画出来的作品不但形神兼备，而且还富有文人豪放的写意情趣。在《四梅花图卷》的卷后，他用笔势劲利的欧体写下了《柳梢青》咏梅词四首，清丽雅致的词风，将梅花从萌发到凋谢，比作美人从少女时代到年老迟暮的一生，词画交融，引发观者无限的情思。

没有梅花的红，萼片的绿，没有天空的蓝，温和的光。只用最朴素的水墨形成浓淡干湿层次，静穆空灵的梅花开了又落，荡涤了浮躁的灵魂，抒发了淡泊的情怀。画者借梅花从初来到凋谢的情态，表达了对生命荣衰的深思。

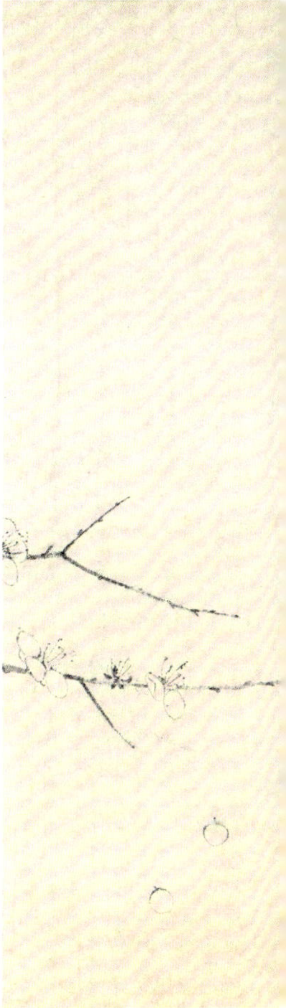

宋室南渡之后，杨无咎跟随仲仁学画墨梅，他在继承仲仁墨梅画法的同时，也形成了自己的风格。他改变前人以墨晕染或彩色点瓣画花朵的方式，开创了墨笔圈线画花瓣的新技法，“变黑为白”后，更能突出梅花朴素野逸、疏淡清新的特性。但是这种清逸素雅的墨梅在当时并未得到宫廷主流的青睐。

见惯了设色富丽“宫梅”的宋高宗在看见杨无咎呈上的画作后，觉得不合心意，更讥讽他所画之梅为“村梅”。此后杨无咎索性在画卷上自署“奉敕村梅”。戏剧化的是，杨无咎在宫廷里不受欢迎的墨梅画，到了文人手里却成了香饽饽，官家盖章认定的“村梅”更是助长了他的名望。而在仕途上也像梅花一样正直清高的杨无咎，因为耻于依附奸臣秦桧，以致累征不起，隐居终老。

一日，宫廷里有人偶然间将落了灰的杨无咎的墨梅图挂在了墙壁上，那梅花竟招来了蜂蝶，高宗听闻大为惊异。这一抹简淡朴素的墨色却在杨无咎笔下绽放成了最纯净的光华。清逸的水墨梅花也象征着杨无咎正直清高的秉性——不屈服于权贵，坚守自己的艺术理想。

# 赵大亨
# 优秀家仆的逆袭

## 《薇省黄昏图》 实现荔枝“自由”的宋人

不想当画家的仆人不是好仆人！我叫赵大汉（原名），是大宋宗室赵伯驹、赵伯骕兄弟家的家仆。如果你问我，身为家仆有什么好神气的？那我也一定会反问你一句：“先生不是京城人氏吧？这临安城里有谁不知道我家陛下——二赵兄弟的。”

先说我家大陛下赵伯驹，他可是太祖的七世孙，货真价实的皇家血脉。身为皇室宗亲的他，非但没有游手好闲地混沌度日，还练就了高超的绘画技艺，是楼台界画圈的大师；二陛下赵伯骕，擅山水、花果、翎毛、楼台，亦是才气逼人。身为官家（宋高宗）堂侄的两位主子爷极受恩宠，官家还特允他们可以随时入宫觐见，皇宫里集英殿的屏风便是官家命大陛下画的嘞！

至于我从仆人逆袭成画家的奋斗史，说出来其实也没有那么传奇。我每天服侍两位陛下作画，在铺纸、研墨之际，偷偷地看上几眼他们的画技，回去后把所得记在小本子上，有空时再自己钻研，偶

尔也会厚着点脸皮向主人请教一二，时间一长有点绘画天赋的我，就已学得八九不离十了。当然画还是要落在纸上的，可是我虽然不算是穷得叮当响吧，但买纸这等奢侈的事还是与我无关的，这就要考验我的聪明才智和见缝插针的能力了。趁俩主子休息、外出交流画技，或者宿醉之时，我就在主子们废弃的纸张上练手，钻研技艺。

直到某年某月的某一天，我看见主人作画有一个地方画错了，情不自禁地多了一句嘴：“大相公，此处用淡墨晕染效果会更好！”说完我赶紧捂上了嘴，在陛下面前班门弄斧，这不是自取灭亡吗？说来也巧，大陛下那天心情出奇地好，不但没归罪，还哈哈一笑把笔让给了我：“大汉啊！来给老爷我瞧瞧怎么画才好。”

我一门心思地扑到了画里，提起笔来就“刷刷”地画了起来。这一画，大陛下甚为吃惊，二陛下也自夸我是神来之笔。由此我的命运也发生了转变，我再也不用干杂役之类的活了，两位主子给我置办了一整套的画具，还给我安排了一个画室，让我专心作画。这时候我才明白，神仙关上了我的富贵之门，却给我留下了一扇艺术之窗。我临摹两位主子的作品，逐步达到了以假乱真的程度，于是乎报效陛下的机会也来了。因为相似的风格，和几乎区分不出来的画法，在两位主子忙不过来或者没有心情作画的时候，我自然就“挺笔而出”帮主子们解难，最后再署上大陛下或二陛下的名字，就齐活了。当然主子们也待我不薄，卖画赚来的银子分了我不少呢。

可自打从优秀的仆人摇身一变成了画家后，我也有些许膨胀了。这点表现在，别人在因为我肥胖的身躯而叫我“赵大汉”时，我暗地里有些不爽快了，“大汉”这名字着实不够雅观，于是乎，我改了个极为畅通的名字：赵大亨。“嘘”，大陛下在庭院里睡着了，我得赶紧画画了，陛下说画得好，两棵荔枝树上的果子能允我吃到饱，嘿嘿。

赵大亨，因其肥伟，时人以“赵大汉”称之，他自耻其名俗，于是易名“大亨”。赵大亨的本职为南宋画家赵伯驹、赵伯骕兄弟俩的仆人（也有随从一说），由于常年做着铺纸磨墨，研朱调色的工作，在艺术的熏陶下，日久亦能作画，且以画扬名。活跃于南宋高宗绍兴年间（1131—1162）的赵大亨，与卫松仿制二赵作品几乎乱真。传世作品有纨扇画《薇省黄昏图》。

《薇省黄昏图》又称《荔院闲眠图》《薇亭小憩图》，现藏于辽宁省博物馆。

该画描绘庭院一座，繁树两棵，凉亭一间，一翁卧于榻上闲眠。近处红花绿叶缤纷，远处层峦叠嶂葱茏，远近高低，色彩相衬，画面静谧凉适，颇具清幽之气。

但说起画中最惹眼的，还要数庭院中那两棵色彩不一却绽放光华的荔枝树。在古文献里，荔枝原被写作“离支”，有人说是因为它“离枝三日即腐”，也有人说这是岭南地区土话的谐音。“一骑红尘妃子笑，无人知是荔枝来”，作为唐朝顶奢的水果，荔枝在宋代已经开始了大规模种植。蔡襄还专门写了一本《荔枝谱》，记述了各类著名的荔枝品种。

在宋朝，即使是平民百姓也能享受到杨贵妃的口福，实现荔枝自由。因为商品经济发达的宋朝，荔枝买卖已经形成了一套先进的商业模式。荔枝还未成熟，果品批发商就会预付定金给荔枝种植户，订下承包采购计划。等到荔枝成熟时，果品批发商就坐守原地，通过便利的水路和陆路将荔枝运送到全国的

每个角落，甚至还远销海外，日本、高丽等地都有出售荔枝的记载。为了让“美食延续”，聪明的宋朝人还会将皮薄肉厚的荔枝做成果脯来保存。

守着荔枝树，吃着鲜甜的荔枝，赵大亨顿时觉得“诗兴大发”：“日啖荔枝三百颗，但是吃多了上火。呵呵。”

# 郑思肖
# 宁可枝头抱香死，何曾吹落北风中

## 《墨兰图》 未有画前开鼻孔，满天浮动古馨香

### 元朝大德十年（1306）

今日是正月十五元宵节灯会。此时的街市之上充斥着喧闹的声音，我站在这方简朴的宅院廊檐下面，朝着寒气缭绕的空中缓缓望去。日光似是想要穿透我的心房，晒一晒我心中隐藏多年的心事。

公元 1241 年，我出生在大宋的福建连江（今福州市连江县）。父亲自小便教育我“明忠孝、知廉义”，20 年后的我已然成为拥有一颗炽热之心的有志之士。我也颇为争气，于太学读书时，便常常被老师赞为“优等生”。如果当时的朝局不那么动荡，官场不那么奢侈黑暗，世间没有那么多的纷乱战争，或许我的仕途会一帆风顺。可惜，人生没有如果，而我的前半生受战争波及，一直在不断搬迁中度过。

南宋宝祐二年（1254），刚满 14 岁的我，随着父亲举家搬迁到了苏州苑桥。这一年也是我人生中最理想的时光，我不负众望，一

举中了秀才，从此名声大噪。想及此后或许可以逐渐担起家中重责，我内心便欢喜不已。奈何父亲命我独自游学于五湖四海，当时甚是不解。如今想来父亲实乃用心良苦，我一直在小小天地之中读书学习，虽然有微薄功名傍身，但是未曾见识到真正的天地，父亲也不过是想让我成为一名顶天立地的男子汉罢了。

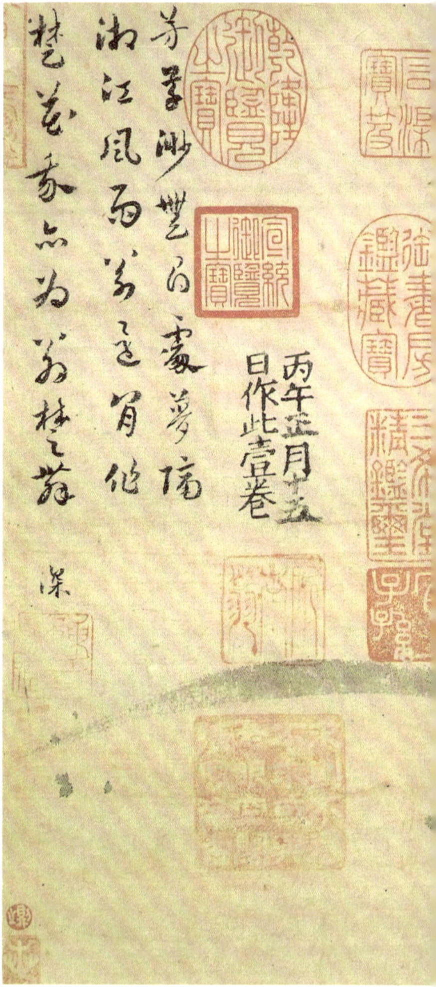

咸淳元年（1265），父亲已于三年之前病逝，如今的家中早已不复从前。因为贫穷以及战乱纷争的时局，我不得不搬到了黄牛坊桥一带居住。四年之后，我从黄牛坊桥迁移至采莲巷。一年后，我又搬至仁王寺附近。

咸淳七年（1271），北方蒙古首领忽必烈将其国号改

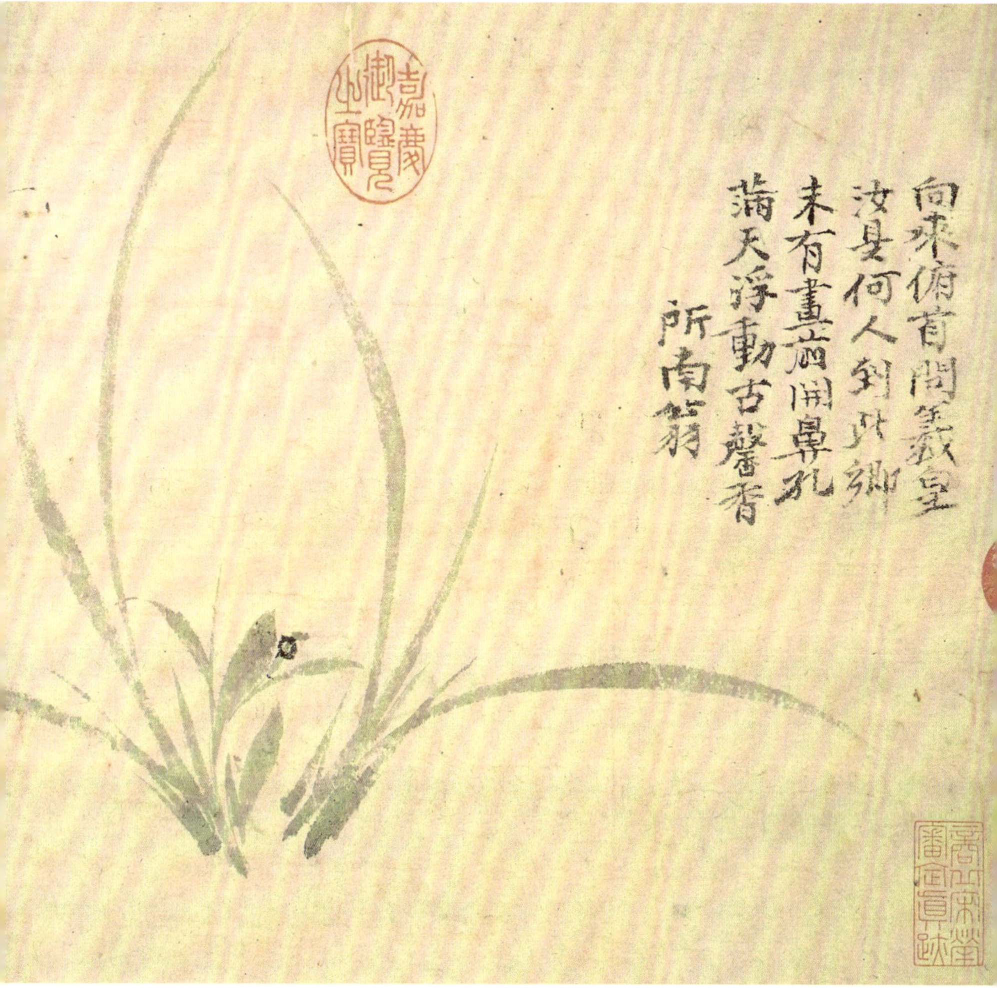
向來俯首問羲皇
汝是何人到此鄉
未有畫前開鼻孔
滿天浮動古馨香
所南翁

为“元”。而我在同年进行了第五次搬迁，这次我选择居住在双板桥一带。三年之后，官家病逝，其子赵㬎继位，是为恭帝，谢太后垂帘听政。也是在这一年，元军大举入侵，于十二月便将苏州攻陷。此时的我只能迁居至望信桥。

景炎元年（1276），春天的新芽刚刚萌发，官家就被元军俘虏，挟持至北国。同年九月，母亲在这个战乱的时代饱经风霜后病故，这对我是很大的打击。生活似乎从未给予过我们温馨灿烂，而我和家人不仅要忍受病痛、贫穷，还要去忍受蒙古国的铁蹄践踏我大宋山河的屈辱。每每思及此处，心口宛如刀绞。我也恨我自己没有报效家国，更没有光耀门楣，反而在暗无天日的烽火中苟且偷生。可这又何尝不是我的无奈之举？

两年之后的十一月，我从望信桥搬到了居皋桥，接着便听到了文天祥被擒的消息。我内心焦虑不已，且深知国已无望，亡国已成定局，但我又能怎样呢？这些年的动荡早已将我折磨得如同行尸走肉。我已经不是当年在元军大举南下时，叩开宫门怒斥官场黑暗无为、官员腐朽误国的热血青年了。

现如今的我也只能将对大宋王朝的一腔执念，深深藏于姓名之中。我的原名本为郑之因，于亡国之后将国姓“趙”字拆开取名为思肖。我又为自己改字为忆翁，意为不忘故国。连我居室上方的匾额名，也被改为“本穴世家”，将其中的“本穴”移位之后，便是我心心念念的“大宋世家”。如今，山河残破，我这忠诚之心想来也极为可笑可悲。

日光渐渐西沉，墙外已经有了些许灯会的繁华气象。门缝中不断映出灯笼的烛火，乳儿的嬉笑声充斥在院墙四周，热闹的氛围也为我这方幽静小院增添了些许喜庆。本是良辰佳节，可我却毫无兴致。此刻也只有院中角落里茂盛的兰草读懂了我的心事，同我一起安安静静地待着。

片刻之后，我缓缓趋至桌案一侧，出神地对着那株高洁的兰草。接着，便开始在宣纸上用黑墨挥下寥寥几笔。《墨兰图》绘完之后，我心中的郁结之气稍有好转。画作之中的兰草，它无畏无惧，不屈不折，幽然静立。古朴稀落的兰叶之下，是已然盛开的清香与含苞待放的素美。可是它是没有根的，就如同我一般，在 65 岁时，依然没有寻到自己的根。

我实在痴迷兰草，它本是花中君子，我爱它的高洁不屈，因此便常常将其绘入我的画作之中。当生活难以为继时，这些画作又会被我贩卖给喜画之人。每至此时，忧愁便会从心底腾然而生，倘若不是万不得已，又有谁愿意行此举？

日光射出了暖暖的光辉，照射在兰草浓绿无骨的枝叶上，像极了千年之前投身江中的屈原。恍惚间我在画作一侧缓缓题诗：

向来俯首问羲皇，汝是何人到此乡？

未有画前开鼻孔，满天浮动古馨香。

《墨兰图》是宋末元初画家郑思肖所绘作的一幅写意水墨画。全画纵 25.7 厘米，横 42.4 厘米，现藏于日本大阪市立美术馆。

责任编辑：张　磊
装帧设计：李腾月
责任校对：高余朵
责任印制：汪立峰

图书在版编目（CIP）数据

藏在宋画里的两宋史 . 2 / 南宋书房著 . -- 杭州：浙江摄影出版社 , 2022.11
ISBN 978-7-5514-4010-3

Ⅰ . ①藏… Ⅱ . ①南… Ⅲ . ①中国历史 – 宋代 – 通俗读物 Ⅳ . ① K244.09

中国版本图书馆 CIP 数据核字 (2022) 第 113990 号

藏在宋画里的两宋史 . 2
CANG ZAI SONGHUA LI DE LIANG SONGSHI . 2

南宋书房　著

全国百佳图书出版单位
浙江摄影出版社出版发行
地址：杭州市体育场路 347 号
邮编：310006
网址：www.photo.zjcb.com
制版：壹品设计工作室
印刷：杭州捷派印务有限公司
开本：889mm × 1194mm　1/32
印张：9.25
2022 年 11 月第 1 版　　2022 年 11 月第 1 次印刷
ISBN 978-7-5514-4010-3
定价：68.00 元